ASTD グローバル ベーシック シリーズ

リーダーシップ開発の基本

効果的なリーダー育成プログラムを作る

カレン・ローソン【著】
Karen Lawson

永禮弘之【監修】
Hiroyuki Nagare

長尾朋子【訳】
Tomoko Nagao

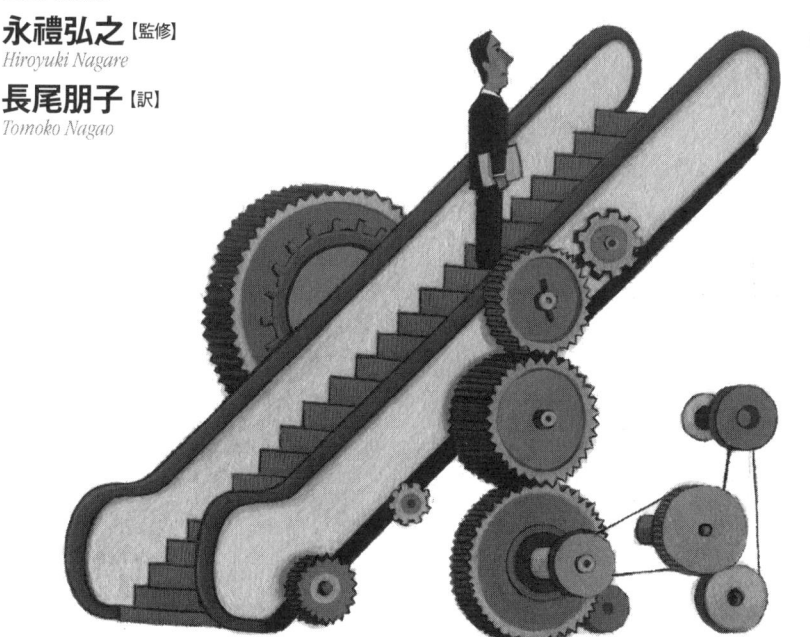

ASTD TRAINING BASICS SERIES

Leadership Development Basics

目次

ASTDグローバル・ベーシック・シリーズについて	vii
監修者まえがき	ix
はじめに	xiii
この本が想定する読者	xiii
アイコンにご注目ください	xv

第1章　リーダーシップ開発へのニーズ　　17

リーダーシップ開発を促す動向	18
リーダーシップ開発の重要性	20
リーダーシップ行動とリーダーシップへの期待の変化	22
リーダーシップ・コンピテンシー	24

第2章　ニーズに対応する：リーダーシップ開発プログラム　　27

リーダーシップ開発の定義	27
リーダーシップ開発プログラムの目的と効果	32

第3章　未来のリーダーを育てる　　39

サクセッション・プランニング	39
ハイポテンシャルな社員	41
アセスメントツール	45
アセスメントセンター、アクセラレーションセンター	50
IDPとキャリア開発のディスカッション	50
リーダーシップ開発活動に向けた準備	54

第4章　リーダーシップ開発プログラムの設計 ……………… 57
 フロントエンド分析 ………………………………………… 57
 ニーズ・アセスメント ……………………………………… 58
 トップのコミットメント …………………………………… 65
 プログラムの設計 …………………………………………… 67
 作戦とテクニック …………………………………………… 69
 学習活動と教材のリソース ………………………………… 71
 スキルの応用 ………………………………………………… 73

第5章　公式な社内グループでのプログラム ………………… 75
 コーポレート・ユニバーシティ …………………………… 75
 セミナーとゲストスピーカー ……………………………… 78
 外部コンサルタント ………………………………………… 81
 アクション・ラーニング …………………………………… 83
 グループ・メンタリング …………………………………… 85
 ラーニング・チーム ………………………………………… 86
 ビジネス・シミュレーション ……………………………… 87
 遠隔学習とコーチング ……………………………………… 89

第6章　個人のリーダーシップ開発活動 ……………………… 91
 エグゼクティブ・コーチング ……………………………… 91
 メンタリング ………………………………………………… 95
 ストレッチ・アサインメント ……………………………… 98
 ジョブローテーション ……………………………………… 99
 ネットワーキング ………………………………………… 100
 出向と地域活動への参加 ………………………………… 100
 タスクフォースとプロセス改善チーム ………………… 102
 海外アサインメント ……………………………………… 102
 自主学習型遠隔学習プログラム ………………………… 104
 その他の個人のリーダーシップ開発経験 ……………… 108

第7章　社外のリーダーシップ・プログラム　　113
大学（単科大学／総合大学）　　114
研修を提供する組織　　116
オフサイト・ミーティングと体験型の学習活動　　117
事業者団体と専門職団体　　118
選択基準　　119

第8章　プログラムの評価　　121
なぜ評価を行うのか？　　121
研修評価の4段階モデル　　122
eラーニングの評価　　134

第9章　リーダーシップ開発プログラムのインパクトを測る　　137
重要なつながり：ニーズ・アセスメントと評価　　137
研修の説明責任　　138
無形の利益　　142
評価プロセスの重要性　　142
トレーニング・リザルツ・メジャーメント・モデル　　143

第10章　結び　　147

参照文献　　149

著者について　　151

監修者紹介　　153

訳者紹介　　154

ASTDグローバル・ベーシック・シリーズについて

　ASTDグローバル・ベーシック・シリーズは、米国に本拠をおく世界最大の人材開発の機関であるASTD（American Society for Training and Development）が、研修やパフォーマンス改善に取り組む人々のために、必要最低限の知識とソリューションを提供できるレベルの手法について1冊でわかるようなツールとして提供しているものです。

　本シリーズは、2003年に刊行がスタートしてから、2012年現在で24冊が刊行されており、人材開発や組織開発、パフォーマンス改善に取り組む人々に必要なテーマをそれぞれ1冊にまとめています。

　本シリーズに納められている内容や言葉の意味は、米国はもとより、韓国・中国・インド・中東などのグローバルに展開する企業で、人材開発担当者の共通言語となってきました。しかし、日本においての人材開発は、我が国の伝統や文化に沿って独自の良さをもち、独自の言葉を使う傾向があります。今日、日本の企業もグローバル化によって、海外の人材開発の担当者と情報交換を行ったり、海外と共通の人材開発プログラムを実施することも増えてきています。その際に、ASTDで用いられる概念や言葉について、背景や意味などの理解が不十分なまま異なる解釈をしていると、意思疎通を阻害することが考えられます。

　そこで、ヒューマンバリューでは、日本の人材開発・組織開発・パフォーマンス改善に携わる方々に、米国を中心とする企業で使われている言葉や概念を理解していただく一助になればと願い、ASTDグローバル・ベーシック・シリーズを日本で刊行することにいたしました。

　本書を日本で刊行する意図の1つは、海外での企業や行政体における人材開発関係の言葉の使い方やコンテクストを理解し、なじんでいただくことですので、翻訳にあたってはなるべく英語をカタカナのままで表記するように

しました。

　いきなりカタカナでは理解しづらいところもあるかと思い、適宜本文中に補足を入れたり、訳注を挿入しています。

　本シリーズはASTDが責任を持って編集したもので、偏りのない標準的で基礎的な内容がわかりやすく実践的に1冊にまとめられています。基礎の確認、また入門書としてお役立ていただくようにお願い申し上げます。

監修者まえがき

監修者　永禮　弘之

　本書は、企業組織におけるリーダーシップ開発プログラムの企画開発に焦点を当て、そのベースとなる考え方や具体的なプログラムの企画開発、実践、成果測定の手法について、詳しく紹介しています。
　本書の内容は、決して欧米の企業だけに有益なものではなく、地域を越えて、「戦略的リーダー育成プログラム開発の定石」といえるでしょう。
　日本においても、技術革新や、インド・中国に代表される新興国の経済発展などにより、昨今の急速な環境変化に対応するリーダーの育成は、まぎれもなく企業の競争力を左右する、経営上の重要な課題となってきました。ビジネスのゴールを達成するためには、組織戦略を見据えて、組織内の重要なポジションに求められるリーダーシップの要件を明らかにし、その要件を満たす人材を、組織をあげて育て、選抜していくことが求められます。これが、本書で紹介されている組織戦略に連動するリーダー育成であり、多くの優良企業が実践しているリーダーシップ開発の考え方です。
　欧米の企業が、この戦略的リーダー育成になじみが深いのは、人材が流動的であることを前提に、ある職務における役割要件を具体的に定義して、その要件にふさわしい人を育成、選抜する、「ポスト主義」のしくみが浸透しているからです。このしくみでは、「役割」要件とそれに伴う「能力」要件が明確です。そのため、求められる能力開発の要件が導き出しやすく、短期間で効果的な育成と選抜を行い、リーダー人材をスピーディーに補充できるのです。
　一方、終身雇用を前提としてきた日本の企業では、人材が固定化された組織において、候補者にさまざまな仕事やポジションを長期間かけて経験させ

ることで、幅広い経験をもち、自社組織に精通する「ゼネラリスト」を育成、選抜してきました。そのような「属人主義」のしくみのもとでは、職務そのものの要件は曖昧となり、組織や人材の実態に職務を合わせる傾向があります。そのため、客観的な根拠が見えにくい選抜や具体的な目標の見えにくい能力開発が行われがちです。何より、環境変化が加速している中で、スピードを上げて計画的にリーダーを育成することが難しくなります。その結果、主要ポジションにふさわしい人材や次世代リーダー層の不足が顕著になってくるわけです。

今後は、日本企業であっても、人材の流動化を前提としなければならない組織、とりわけ、グローバルに展開する企業は、組織の拡大に応じて、リーダー人材の育成や選抜のスピードを上げることが欠かせません。人材が流動化している状況では、経営者を頂点とした各階層のリーダーの役割要件を明確に定義し、リーダー候補たちに短期間で計画的に経験を積ませる必要があります。終身雇用を前提に、じっくり品定めしている余裕はないのです。さらに、自社での成長の道筋を見せることが、意欲的で有能な社員たちの能力開発を促し、その人たちを組織にとどめることにつながります。

本書は、日本企業の人事・人材開発責任者はもとより、管理職を中心とした階層別研修プログラムや次世代リーダーの選抜育成プログラムの企画開発に取り組んでいる方、またはリーダー育成に関心の高い上司の方にもぜひ読んでいただきたい内容です。この1冊で、リーダーシップ開発プログラムの企画開発の進め方と要点がほぼ押さえられ、現場の指導育成の場面でも、具体的に活用できる手法やノウハウが盛り込まれています。

第1章では、高まるリーダーシップ開発ニーズの背景、第2章では、リーダーシップ開発と組織戦略の連動について説明し、リーダーシップ開発プログラムの企画開発の土台を形づくる考え方を紹介しています。第3章から第7章では、リーダーシップ開発プログラムの企画開発ステップを押さえていきます。総合的な次世代リーダーの育成・選抜の考え方と進め方を紹介した後に、プログラムの設計開発の手法、プログラムに組み込む具体的なリーダーシップ開発の手法やリソースを、企業内集合研修と実務での経験を含めた個人の開発活動に分けて詳細に説明しています。第8章以降は、導入したリーダーシッププログラムの成果測定の手法を具体的に示しています。

いずれも、リーダーシップ開発プログラムの企画開発に、すぐに使える実践的な考え方や手法です。
　本書の「戦略的リーダー育成プログラム開発の定石」を学ぶことで、「ビジネスゴールの達成に貢献できる人材開発のプロ」を目指していただきたいと思います。

はじめに

　優れたリーダーシップへのニーズはこれまでになく高まっており、私たちは、企業や政府、地域コミュニティーといった社会の至るところで、リーダーシップの不足を経験しています。そして新聞や専門誌で、毎日のように、働く人たちの多様性やグローバル競争、先行き不安定な経済といった困難に立ち向かうリーダーの欠如を嘆く記事を目にしています。

　組織は、能力あるリーダーの必要性の高まりに対し、外部人材の採用よりも、内部人材の育成で応じることを選んでいます。そのため、企業のバリューとリーダーシップ・フィロソフィーに合った資質、スキル、能力をもつハイポテンシャルな社員（高い成長の可能性をもち、将来を期待される人材）を特定し、その人たちに対し、組織を成功に導くうえで必要な研修やコーチング、学習経験を提供しています。しかし、興味深いことに、ほとんどの組織には次世代のリーダーを開発するのにふさわしい明確なプロセスがありません。多くの場合、リーダーシップ開発のアプローチは、「初めての試練」と「試行錯誤」が混ざり合い、研修やその他の学習活動は、それぞれがバラバラに行われた結果、明確なゴールや成果がなく、焦点も定まらない寄せ集めの学習経験になっています。

この本が想定する読者

　本書では、みなさんの組織におけるリーダーシップ開発プログラム実行のための要素とプロセスを幅広く概観します。この概観が、リーダーシップ・パイプライン（Leadership Pipeline）開発の統合的、包括的アプローチに関する理解の出発点です。本書の内容は、次のような人たちの役に立つでしょう。

- ▶ 最高人材育成責任者（Chief learning Officer）や人材育成に関わるその他のリーダー
- ▶ 組織開発専門職
- ▶ 人事専門職
- ▶ 上級管理職とその他の組織のリーダー

　本書『リーダーシップ開発の基本』では、みなさんの組織におけるリーダーシップ開発プログラムの設計、開発、実行で必要なツールとテクニックを紹介します。本書を読んで、自社の企業戦略とゴール、組織の規模、利用できる財務的／人的資源に合わせて、自社にふさわしいプログラムの構成要素を選ぶことができるでしょう。

はじめに

アイコンにご注目ください

　この本では、内容を理解していただき、活用していただくことに努めています。主要なポイントを確認するために、この本を通して登場する以下のアイコンを活用してください。

この章の内容
それぞれの章の冒頭では、すぐに内容を参照できるよう、概要を紹介しています。この情報を利用して、最も興味のある領域を見つけて下さい。

考えるヒント
ここには各章で説明されたツールやテクニックをうまく利用するための便利なヒントが書かれています。

基本原則
これらの原則はずばり要点を示しています。これらの原則は、リーダーシップ開発を計画する際の基礎を形づくる重要な考えと前提を示しています。

補足説明
このアイコンは、付加的な情報を示しています。

実践に向けて
各章の最終セクションでは、提案、補足資料、質問を示すことによって、リーダーシップ開発のデザインを始められるように支援します。

第1章

リーダーシップ開発へのニーズ

この章の内容
ここでは、以下の事柄を学びます。
▶ リーダーシップ開発を促す状況と動向
▶ リーダーシップ開発の重要性
▶ リーダーシップ行動とリーダーシップに対する期待の変化
▶ リーダーシップ・コンピテンシー

ここ5年間、リーダーシップ開発はますます重んじられています。どうしてなのでしょうか？ それは、米国の経済界が危機的な状態にあるからです。その結果、組織は、リーダーシップ開発に投資しなければいけないことに気づき始めています。リーダーシップ開発プログラムは、高い費用がかかるかもしれませんが、投資に十分値します。強いリーダーシップ・ベンチストレングス（Bench Strengths：人材層の充実度。控え選手を含め、人材が豊富なこと）を備えている企業は、競争に優れ、自ら立てた事業目標を上回る結果を出します。一方で、

補足説明
米国のSHRM（The Society of Human Resource Management：全米人材マネジメント協会）の『2005 フューチャー・オブ・ザ・U.S. レイバー・プール・サーベイ（2005 Future of the U.S. Labor Pool Survey Report)』に掲載された263社の調査によると、回答企業のうち45％が、ベビーブーマー世代の退職によって問題が起こることに気づき始めています。

リーダー人材の継続的な育成とプール（母集団の形成）に失敗した組織は、重要な役職が欠員した際に慌てて後任を探すという、綱渡りの状態で運営されることになるでしょう。

リーダーシップ開発を促す動向

それでは、リーダーシップ開発へのニーズを促している経営・社会の動向について概観しましょう。

ベビーブーマー世代の引退

米国では、1946年から1964年生まれの7000万人以上のベビーブーマー世代が、2008年から2023年の間に退職を迎えます。その間に入職する就労人口は4000万人にとどまります。ベビーブーマーの大量退職の結果、有能な人材の不足、知識の流出、リーダー層の不足、とりわけ、現在ベビーブーマーが務めている経営層の人材不足が起こります。また、これまで積み重ねられてきた背景情報や、仕事を遂行する際に必須である組織内外の個人的な人脈やネットワークが失われるでしょう。

> **考えるヒント**
> 退職者とともに消え去った重要な専門知識をあらためて開発するには、10年を要する。
> ——ドロシー・レオナルド（Dorothy Leonard）とウォルター・C・スワップ（Walter C. Swap）、『ディープ・スマート（Deep Smarts: How to Cultivate and Transfer Enduring Business Wisdom）』

事業縮小・合併

大量解雇に及んだ1990年代の緊縮経営は、組織からミドルマネジメント層を消し去り、人材プールを枯渇させました。その間、マネジメント開発プログラムは頓挫し、その結果、組織の求めに見合うマネジャーが足りなくなりました。即時登用可能な経営者人材の不足から、社内の重要なリーダーのポジションを担える内部人材養成の重要性が高まっているのです。

グローバル化

　まぎれもなく、世界は「小さく」なっています。事業の国際化に従い、グローバル環境で企業の成功を支えられるリーダーの養成が重要になっています。また、国内での事業展開を中心としている企業でさえ、海外での取引が起こり得るため、グローバルなマインドセットが必要です。米国を本拠地とする組織も、少なくともグローバルな出来事やグローバル経済の影響を受けるでしょう。

労働力の変化

　21世紀の社員はこれまでとは異質です。社員たちは、自分自身に影響が及ぶ意思決定に対しては、より深く関わりたがります。また、自分たちに意見を求め、自分たちの話に耳を傾け、コーチングやフィードバックを定期的に行ってくれる、これまでとは異なるタイプのリーダーを求めています。

社員ロイヤリティの消失

　転職行動は、ジェネレーションX（X世代、1965年から1977年生まれ）から始まり、現在就労し始めているジェネレーションY（Y世代、1978年以降生まれ）に広まり、この世代の人たちには当たり前の行動となりつつあります。20代から30代のジェネレーションYの多くは、ベビーブーマー世代の両親が、すべてを会社に捧げ、しばしば貴重な家族団らんの時間を犠牲にしながら25〜30年間会社に忠誠を尽くした後、追い出される姿を見ていた人たちなのです。

組織構造の変化

　組織構造は、トップダウン形式からフラットな階層に変わり、分権的なビジネスユニットとバーチャルオフィスによって、さらに合理的に運営されています。企業は一層チームを重んじ、協働的になるので、伝統的なピラミッ

ド型のリーダーシップ・パイプラインでリーダーを養成する機会は減り、そこで選ばれるリーダー候補者も少なくなります。

人材育成への責任欠如

　社員の能力開発への責任が欠如しています。経営者たちは、口先ではリーダーシップ開発の重要性を唱えますが、それとは裏腹に、実質は何もしてきていません。多くの企業では、社員育成の取り組みをマネジャーに奨励しないだけでなく、社員育成を怠ったマネジャーにマイナス評価を下すこともしないのです。

テクノロジー（情報通信技術）の変化

　急速なテクノロジーの変化は、組織にチャンスと困難の両方をもたらします。プラスの面は、組織が素早く効率的に仕事を行えることです。リーダーたちは、場所や時間帯に関わらず、社員と連絡やコミュニケーションを取ることができます。一方、マイナスの面もあります。テクノロジーの進化は、複雑さを増した環境をつくり出します。そうした環境では、人々は少ない資源でますます多くのことを行うよう求められ、すでに限られた資源にさらに負荷がかかります。

リーダーシップ開発の重要性

　前述の要因によって、経営戦略に欠かせないリーダーシップ開発の重要性について、新たな関心が生まれています。ようやく、より優れたリーダーをより早く養成することが必要だという認識が、組織に広がってきたのです。
　マネジャーや部門長、経営者に対する専門的な能力開発は、あらゆる組織にとって、効率的な組織運営と成功のために必要不可欠です。急速で過酷な変化の多い環境下で働く、全階層のマネジャーの継続的な学習ニーズを満たすことは、競争優位を維持する鍵となります。革新的で包括的、統合的

なリーダーシップ開発プログラムを生み出す能力が、組織の効果性（オーガニゼーショナル・エフェクティブネス＜organizational effectiveness＞）を全体的に高め、将来の経営者を育成し、能力重視のリーダーシップチームを築く基盤を強化します。リーダーシップ開発を強化する傾向があるにもかかわらず、多くの企業ではマネジャーや経営者の養成はうまくいっていません。いくつかの研究では、不適切なサクセッション・プランニング（後継者の計画的育成）やリーダーシップ開発が原因で、将来を嘱望されるマネジャーがよりよい成長機会を求めて転職していることが明らかになりました。最近の調査結果では、リーダーシップ開発における最も重大な問題点は、不適切なサクセッション・プランニングとリーダーシップ開発研修であることが示されています。

　残念なことに、リーダーシップ開発に投資している企業の多くは、急速に変化する状況に対応するための次世代リーダーの養成では、まだまだ努力不足といえます。多くのプログラムは、総合的な人材開発戦略を支援するシステムやプロセスというよりも、いまだに一連の研修として設計されています。先進的な企業は、メンタリング、コーチング、ジョブローテーション、パフォーマンス・マネジメント、サクセッション・プランニングといったプログラムや重点施策を組み込んで、リーダーシップ開発に統合的に取り組んでいます。さらに、革新的で将来を見据えた企業は、自社の経営戦略とリーダーシップ開発の方向性を合わせなければならないことを認識しています。

　優れたリーダー人材に対するニーズはこれまでにないほど高まっていますが、その一方で、トップパフォーマー（成績優秀者）を組織に引きつけ、とどめておくことは、以前にも増して難しくなっています。この状況は、近い将来も改善されないと考えられるため、組織内部でのリーダー人材の特定と開発は、企業にとっては避けられないのです。

> **補足説明**
>
> 米国の調査研究機関コーポレート・リーダーシップ・カウンシル（Corporate Leadership Council）の調査によれば、世界のおよそ4分の3の企業には、今後5年間で必要となるリーダーポジションへの人材配置を、効果的に行える確信がありません。
> ―ジェフ・スナイプ（Jeff Snipes）、「アイデンティファイング・アンド・カルティベイティング・ハイポテンシャル・エンプロイーズ（Identifying and Cultivating High-Potential Employees）」、ウェブサイト「CLO」、2005年

リーダーシップ行動とリーダーシップへの期待の変化

　今日のリーダーやマネジャーは、以前に比べ一段と厳しい困難に直面しています。社員が育つ環境をつくるためには、効果的なリーダーシップ発揮に向けた新たな洞察やスキルセットが求められます。古い仕事のやり方はもう通用せず、マネジャーは伝統的なマネジメントの役割や機能を越えなければなりません。今こそ、リーダーになり、リーダーとして、他者が組織の目標達成に向けて全力を尽くすよう感化する責任をもたなければならないのです。

　今日の社員や事業の状況では、これまでと異なるタイプのリーダーが求められています。成功するリーダーは、思考や行動において、次のような変化を見せているのです。

競争的ではなく、協創的になる

　企業は、世界的な市場において継続的に競争にさらされますが、優れたリーダーは、企業の内外で、一層協創的なスタイルを取るでしょう。そのようなリーダーは、合同プロジェクトや新製品・サービス開発、リソース（resource：供給源）の共有、事業の問題解決で、旧来の部門の境界線を越え、組織内部の縦割り構造を壊します。たとえ競合他社であったとしてもパートナーシップを築き、ビジネスへの影響力とマーケットシェアを拡大していきます。その好事例に、製薬業界での新製品の販売提携があります。この協創的スタイルの醸成は、全階層のリーダーに必要です。

評価するのではなく、権限委譲する

　優れたリーダーは、社員が、上司に初めから許可を求めるのではなく、自ら意思決定し行動する意志と能力を育む環境をつくります。社員には、自分の仕事に対するオーナーシップと結果に対する責任をもつことが奨励されます。このような権限委譲が進めば、リーダーは、幅広い思索やビジョニング（ありたい姿の構築）、社員の能力開発により多くの時間を使えるようになります。

受け身ではなく、主体的になる

主体的になるには、戦略思考とクリティカル・シンキング（critical thinking：批判的思考）の両方のスキルが必要です。リーダーには、革新的であること、リスクを取ること、競争に勝つための新たなプロセスやツールの開発を主導することが求められます。さらに、それぞれの意思決定と実行によってもたらされる短期と長期、両方の結果を考察し理解する力と、現在と将来、両方の動向に内在する困難やチャンスを見極める力も必要となります。

話すのではなく、聞く

真のリーダーは、話すことよりも、むしろ、社員に対し問いかけ、相手の話を聞くことに時間を費やします。重要なのは、適切な質問を投げかけ、社員が自ら最適な解決方法を見つけ出すのを支援することです。優れたリーダーは、社員に問いかけて懸案を聞く機会や、社員個人をより深く知るための個別およびグループでのミーティングを頻繁に行います。また、社員が仕事に求めることや、今の組織で働くモチベーションの要因を知るために設計されたステイ・インタビュー（stay interview）を実施します。そして、社員にアイデアや提案を出すことを積極的に求め、たとえそれが現在の組織の見地や慣例に反するものでも、新たなやり方に寛大です。

指示するのではなく、コーチングする

旧来のリーダーは、頻繁にトップダウンで指示を出し、部下が疑問をもたずに自分についてくることを望んでいました。そして、部下が期待を大きく裏切った場合は、その人を罰していました。今日のリーダーは、コーチングスキルを活用して部下たちのパフォーマンスを改善することで、部下たちがパフォーマンス・ギャップを縮めたり、期待以上に働いて自己最高の結果を達成したりするための支援を行うでしょう。

リーダーシップ・コンピテンシー

　リーダーシップ開発プログラム構築の第一歩は、組織固有のリーダーシップ・コンピテンシーを定めることです。リーダーシップ・コンピテンシーとは、優れた業績と組織の効果性に必要不可欠な、パーソナルかつ専門的な特性とスキルです。これらのコンピテンシーは、観察し測定できるものでなくてはなりません。2000年以来、リーダーシップ・コンピテンシーに関する研究が数えきれないほど発表されています。たとえば、米国の人材コンサルティング会社であるライト・マネジメント・コンサルタンツ（Right Management Consultants）が2006年に行った調査研究では、将来の経営者に最も望まれるマネジメントとリーダーシップの能力が以下のように特定されました。

- ▶ 他者を動機づけてエンゲージ[※1]させる —— 62％
- ▶ 効果的、戦略的、相互的にコミュニケーションを取る —— 58％
- ▶ 戦略的に思考する —— 52％
- ▶ 変革をリードする —— 51％
- ▶ 成果を上げる組織をつくり上げる —— 47％

　多くの調査研究を比較検討すると、優れたリーダーのコア・コンピテンシーとして、以下の能力が挙げられます。

- ▶ 関係構築
- ▶ コミュニケーションと感化
- ▶ 変化する環境への適応
- ▶ エモーショナル・インテリジェンス（EI）[※2]の活用
- ▶ 社員の動機づけと鼓舞
- ▶ チームの支援
- ▶ ビジョンの設定と共有
- ▶ 社員のコーチングと能力開発
- ▶ 自己認識

▶ 正直さ、誠実さ、倫理観
▶ 変革マネジメント
▶ カスタマーフォーカス（顧客志向）
▶ 課題解決と意思決定

　企業は、求められるリーダーシップ・コンピテンシーを社員に対して明示する前に、組織の背景状況をつくり出す必要があります。第一ステップでは、自社の経営戦略を確認し、戦略遂行に必要なコンピテンシーを決定します。この活動をいったん行えば、企業のバリューと望ましい業績に結びつくリーダーシップ・コンピテンシーを突き止められ、リーダーシップ開発プログラムの開発を始められます。

　次に、組織のリーダーたちに、社員や顧客、地域社会、株主に対して、より効果的に貢献するための行動や知識、スキルを授けます。この活動を達成するには、包括的で構造化されたプログラムの提供が必要です。このプログラムは、具体的な個々のリーダーシップ特性・スキル開発に直接関連するコンピテンシーに基づいた、学習モジュール（module：要素）およびその他の学習活動で構成されます。

　優れた効果をもつプログラムに必須の要件は、説明責任（アカウンタビリティー）です。リーダーシップ開発プログラムの参加者は、プログラムでの学びを仕事に応用する責任と、組織を良い方向へと導く用意、意志、力があることを周囲に示す責任があります。

　高いリーダーシップポテンシャルをもつ候補者プールの形成へのニーズは、今までにないくらい高まっています。リーダーシップ開発プログラムには、費用や時間がかさむかもしれませんが、投資するだけの十分な価値があります。強いリーダーシップ・ベンチストレングスをもっている企業は、競争に勝ち、事業目標を上回る業績を上げられるのですから。

基本原則1

組織は、リーダーシップ・ベンチストレングスを形成しておかなければならない。

 **実践に向けて**

リーダーシップ開発プログラムへのコミットメントの度合いをつかむために、組織内の主要な意思決定者と個別ミーティングを行い、次の質問をしてみましょう。

1. リーダーシップ開発プログラムに対するあなたのビジョンはどのようなものですか?
2. なぜ、この時期にリーダーシップ開発プログラムを実施したいのですか?
3. あなたのリーダーシップ・フィロソフィーとはどのようなものですか?
4. この組織のリーダーシップ・フィロソフィーは、過去5年どのように変わってきましたか?

次章では、リーダーシップ開発の概念を探り、リーダーシップ開発がどのように企業の戦略計画を支えているのかを取り上げます。

---

1. 社員の働く意欲と会社に対するコミットメントの高さを指す
2. 日本においては、「EQ」という呼称で定着している

第2章

ニーズに対応する：
リーダーシップ開発プログラム

この章の内容
ここでは、以下の事柄を学びます。
▶ リーダーシップ開発の定義
▶ リーダーシップ開発と経営戦略の関係
▶ リーダーシップ開発プログラムの目的と効果
▶ リーダーシップ開発プログラムの必要要件

　第1章で述べたように、リーダーシップ・パイプラインにおけるリーダーの供給不足は、組織にとって重大かつ深刻になりつつあります。多くの組織は、リーダー人材へのニーズの高まりに対し、適切な対応ができていません。組織の対応不足の理由は、リーダーシップ開発意欲の欠如というよりは、リーダーシップ開発自体と手法に対する理解不足にあります。リーダーシップ開発には、数多くの定義があり、簡略なその場限りのアプローチから、高度に構造化された多面的で正式なプログラムまで、多くの形式があります。

リーダーシップ開発の定義

　ここで用いられる「リーダーシップ開発」とは、「個人が優れた組織リーダーになるための機会、研修、学習経験を提供する構造化されたプロセスへ、

戦略的な投資を行うこと」です。また、社員が自身と組織の成功に向けて、知識とスキルを開発するための統合的なアプローチだともいえます。リーダーシップは、もはや組織内で肩書のある人だけが発揮するものではなく、今日では、地位や肩書、役職、職位に関係なく、誰もが発揮するものです。したがって、組織のリーダーシップ・パイプラインは、まだリーダー職に就いていない人たちから始まらなくてはなりません。

基本原則2

リーダーシップは、リーダーシップを発揮する機会をつくり、その学習経験を人材育成の見地で活かすことによって、学ぶことができる。

組織の背景状況をつくり出す

どのようなプログラムでも、実行前に、実行責任をもつ人によって、リーダーが成功できるような組織の背景状況をつくり出しておくことが重要です。初めの一歩は、企業の戦略計画に注目することです。すべての階層のリーダーシップ開発は、戦略目標や組織が直面している課題と直結しているものでなければなりません。

戦略計画を立てる

組織のありたい将来像をイメージし、その将来像に到達するためのプロセス、手続き、オペレーションを開発するのが戦略計画策定です。
戦略計画は、組織がどのようにミッションを実行し、ビジョンを実現するのかを説明するためにつくられるもので、分析、目標、ゴール、実行ステップから成り立っています。また、戦略計画を有用なものにするためには、戦略実行、実行フォローアップも、プロセスの一部として必要です。戦略計画には、次のような要素がなくてはなりません。

ビジョン

ビジョンとは、組織のリーダーたちが考える組織のありたい姿についての願望や夢であり、望ましい将来の姿です。また、ビジョンは人々を元気づけ、

奮い立たせます。

ミッション

　組織や組織内部のグループの目的を表すのがミッション・ステートメント（mission statement）です。ミッション・ステートメントは、ある集団が何のために存在しているのかをまとめた記述であり、ビジョンに由来します。その内容は、組織の目的と、組織が、何を、誰のために、どのように行うのかを説明しています。その記述は、普遍的であることが多く、その実現には数々の具体的なゴールの達成が求められます。ミッション・ステートメントは、ゴールと目標についての幅広いフレームワークを提供します。また、経営幹部やマネジャーが主要な意思決定をする時の指針となります。

　ミッション・ステートメントは、すべての人が理解、記憶できるような組織の存在意義についての簡潔な要約です。したがって、25～30以下の単語で書かれた文章がよいでしょう。

バリュー

　バリューは、組織や個人の行動を導く、深く浸透した集団の信念、倫理観、優先事項です。組織のバリューは、すべての階層におけるリーダーの見極め、選抜、研修、能力開発の指針とならなくてはいけません。

ゴール

　ゴールは、ミッションよりも具体的です。その実行に関して、短期または長期の期限を定めることもあり、製品やサービスに対する市場のニーズや需要の変化を反映して、内容を数年間で変えても構いません。また、ゴールは、目標を設定、測定するためのフレームワークを提供するものでもあります。

目標

　最も具体的に範囲が決められているのが目標です。目標は、特定の時間枠での達成要件を表した、成果についてのステートメントであり、短い期間内で変わってもよいものです。また、測定可能で定量的な表現にします。

SWOT 分析

「SWOT」は、強み (strengths)、弱み (weaknesses)、機会 (opportunities)、脅威 (threats) の頭文字を取った造語です。この４つの情報のカテゴリーは、戦略決定の古典的な土台となっています。

- **強み** – 競合相手に優る自社内部の能力やリソースのうち、組織内にあるもので、主に組織によってコントロールされるもの。これらの「強み」は、自社とそのステークホルダー（stakeholder：利害関係者）に価値をもたらす領域である。
- **弱み** – 競合相手に劣る自社内部の能力やリソースのうち、組織内にあるもので、主に組織によってコントロールされるもの。
- **機会** – 自社にとって潜在的な利益を内包し、新たな方向性を探索するチャンスをもたらす外部環境。自社がコントロールできない好ましい影響。
- **脅威** – 自社にとって障害となる外部環境。将来の成功を妨げるかもしれない潜在的なリスクを意味する。自社がコントロールできない負の影響。

クリティカル・サクセス・ファクター

クリティカル・サクセス・ファクター（Critical Success Factor：主要成功要因）とは、組織が成功に向けて管理すべき、優先度の高い領域のことをいいます。適切に維持管理していれば、組織の成功に最も確実にプラスの影響を与える特質や条件、変数を指します。その例には、以下のようなものがあります。

- ▶ 同格の企業や業界標準において好ましい財務成績の維持
- ▶ 質の高い販売サービスプログラム・システムの開発と維持
- ▶ 顧客のニーズに見合うように設計された高収益、高品質のサービス提供
- ▶ 測定可能で、到達可能な成長のゴールと数値目標の設定
- ▶ 適用される規制や法的な事柄に対するコンプライアンス（法令遵守）の強化
- ▶ 社会に対する企業イメージの向上促進

また、多様な技術、柔軟性、独創力など、ハイポテンシャルな社員の能力

も、クリティカル・サクセス・ファクターといえます。

リーダーシップ・コンピテンシーを定める

　組織のビジョン、ミッション、バリューを含む戦略の方向性が明確になったら、次の段階では、組織をそこへ導くために必要となるリーダーシップ・コンピテンシーを特定します。コンピテンシーモデルは事業戦略によって定められるものであり、コンピテンシーは、求められる業績と結び付いていなければなりません。では、望ましいコンピテンシーは、どのように決められるのでしょうか？　まず、リーダーシップ・コンピテンシーを決定する前に、事業の要件を定義します。そのうえで事業上の課題と、その課題解決のために必要なコンピテンシーを特定します。リーダーシップ・コンピテンシーの特定は、戦略計画策定プロセスの一部であるべきです。そして、リーダーシップ・コンピテンシー特定のプロセスにおける最も適切な手法は、戦略計画の要素の1つであるSWOT分析に立ち戻ることです。

　もし、経営トップが、リーダーシップ・コンピテンシーを社内で一から特定するのではなく、既存のリーダーシップ・コンピテンシーの導入を望むのなら、数々の先行研究に多くのコンピテンシー例が示されていますし、最も一般的なコンピテンシー例は、本書の第1章（P.24）にリストアップされています。しかし、コンピテンシーをただ特定するだけでは不十分です。取るべき具体的な行動を定め、もたらされる効果や成果を示す表現にすることで、その定義に磨きをかけていくことが重要です。

　それが具体的にどういうことか、次の文例を見てみましょう。

【例】
コンピテンシー：変革をリードする
行動の定義：
　組織内において、変革をリード、マネジメントし、変革マネジメントに取り組む他者を支援する能力（発揮すべき具体的な行動）。それによって、組織は事業環境の変化に迅速かつ効果的に対応することができる（効果／成果）。

コンピテンシーが行動で示されることによって、事業の観点から社員たちが何を期待されているのかが明確になります。また、そのような表現は、コンピテンシーの測定基準やその他の指標を決める起点でもあり、人材選抜、人材開発、リーダーシップ・アセスメントのベースとなる一貫性のある基準にもなります。しかも、全階層のリーダーたちが、戦略の方向性に沿った行動を取れるようになります。コンピテンシーとクリティカル・サクセス・ファクターを最終的に意思決定するのは経営層ですが、経営層は、まず初めに、組織中のあらゆる階層のリーダーたちに意見や情報を求める必要があります。

コンピテンシーが決められ、組織内に明確に伝えられ、受け入れられたら、次のステップでは、組織のリーダーたちに、顧客や社員たちをより効果的に支援するための行動、知識、スキルを身につけてもらいます。そして、それは、コンピテンシーをベースにした学習モジュールから成る、包括的で体系化されたリーダーシップ開発プログラムの提供によって達成されます。

基本原則3

リーダーシップの基盤の開発は、優秀な人材を組織に引きつけ、とどまらせる。それによって、企業は将来の成功に向けて体制を整えることができる。

リーダーシップ開発プログラムの目的と効果

リーダーシップ開発プログラムは、何よりもまず、業績に焦点を当てなければなりません。重要な経営課題に対応するための戦略的なフォーカスを伴った、統合的なアプローチが必要です。

効果的なリーダーシップ開発プログラムは、自社と自社の業界の両方に焦点を当て、新たな競争環境に対し、変化、適応していかなければなりません。

そして、包括的なリーダーシップ開発は、最終的に、ビジョン、バリュー、戦略を組織全体に伝播します。

適切に設計された統合的なリーダーシップ開発プログラムの実施は、組織に具

基本原則4

リーダーシップ開発は、イベントの連続ではなく、一連のプロセスである。

体的な成果をもたらします。企業では、効果的なリーダーシップ開発プログラムの実施によって、次のことが可能になります。

- ▶ より優秀なリーダーを育成できる

    マネジャーは、戦略的でグローバルな視点を高めることができます。管理中心の報酬や罰によって部下を動かすトランザクショナルリーダー（transactional leader：取引的／交換関係のリーダー）ではなく、周囲の人々を感化し、変革を実現するトランスフォーメーショナルリーダー（transformational leader：変革リーダー）になる方法を学びます。

- ▶ 人材プールを形成できる

    リーダーシップ開発プログラムは、リーダー人材を育成し、戦略実行や成果創出をもたらす経営幹部のプールづくりに役立ちます。

- ▶ 組織文化を維持できる

    プログラムの参加者は、組織との一体感を覚え始めます。その人たちは、組織のビジョン、ミッション、バリュー、ゴールを心から受け入れ、ダイナミックで支援的、チーム重視の組織文化を創造、維持することにコミット（commit：専心）するようになります。

- ▶ 有能な人材を、組織に引きつけ、とどめておける

    優れた組織は優れた人々を引きつけます。人を重んじる組織は、ハイポテンシャルなマネジャー育成への投資が、市場における自社の競争優位を維持する鍵となることを認識しています。

補足説明

組織内のどの階層においても、リーダーシップの課題は変化しています。SHRM(全米人材マネジメント協会) の『SHRM2006 タレントマネジメント・サーベイ・レポート (Talent Management Survey Report)』によると、タレントマネジメントへの取り組みは、事業における最優先課題とされています。

リーダーシップ開発の実践

　コルヴァン（G. Colvin、2007 年）は、米国フォーチュン（Fortune）誌に掲載した記事「リーダー・マシーンズ（Leader Machines）」の中で、「リーダーにとって最高の企業」と評価されている企業が共通して実践していることについて、次の9つを挙げています。

1. 時間と資金を投資する
   リーダーシップ開発プログラムに必要な財務資源を配分することに加え、CEO 以下すべてのリーダーが、プログラムへ自ら参加するとともに、社員の参加を促しています。
2. 将来有望なリーダーを早期に見極める
   労働力不足が加速する中、これまでのように、過去の実績を評価してリーダーを特定するのではなく、キャリアの早期段階から、潜在的なリーダーを見極めることが求められます。実際のところ、ジェネレーション X の人材だけでは、ベビーブーマー世代の定年退職を十分に穴埋めできません。
3. アサインメント（Assignment：課題、宿題）を戦略的に選択する
   効果的なリーダーシップ開発プログラムには、組織の短期的、長期的なニーズと密接に関連づけられ、個人の開発ニーズ（development needs：開発が必要な部分）に沿った多彩な手法やアサインメント、学習活動を用いなければなりません。こうした学習経験は、個人が能力を最大限に発揮し、成長できるように、その人たちをコンフォート・ゾーン（comfort zone：安全地帯）から強制的に押し出し、チャレンジさせるものでなければなりません。そのため、アサインメントは慎重に選ぶ必要があります。
4. 現在の職務の範囲でリーダーを開発する
   リーダーの退職を防ぎ、部門やビジネスユニットの安定を保つために、リーダーには、現在の職務をしながら、それに加えて、短期のアサインメントを引き受けたり、別の学習活動に参加したりする機会が必要です。

5. 熱意をもってフィードバックと支援を行う

組織の全階層における日々の実践として、コーチングやメンタリングによるサポートと、頻繁かつ率直なフィードバックが欠かせません。

6. リーダー個人だけでなくチームで開発する

他者と相互に支援し学び合う目的で、集合研修やグループアサインメントに参加するラーニング・チーム（learning team：学習チーム）に、リーダーを入れるべきです。

7. 周囲の人々を鼓舞してリーダーシップを発揮する

リーダーシップとは、社員を動機づけるだけでなく、その人たちが進んで仕事に精いっぱい打ち込むような環境をつくることです。優れたリーダーは、「従う」ことと「コミットする」ことの違いを理解しています。リーダーが影響力の高い行動を取ることで、リーダー自身が社員に実行させようと思っていることを、社員が純粋にやりたいという気持ちで自主的に実行するようになります。

8. リーダーのコミュニティー活動を奨励する

リーダーは、コミュニティー活動に参加することによって、自分たちが働く組織とコミュニティーとの関係性をよく理解できます。進歩的な組織は、リーダーたちのコミュニティーへの積極的関与を奨励するだけでなく、そのための休暇や時間も与えています。

9. リーダーシップ開発を組織文化の一部にする

リーダーシップ開発は、組織全体の意思決定、実行、プロセス、目標の一部になっています。さらに、学習担当部門のリーダー（組織学習に責任をもつ人）は、リーダーシップ開発と組織のあらゆる側面の統合を支援する、信頼できるアドバイザーまたは戦略パートナーと認識されています。

考えるヒント

みなさんは、リーダーシップ開発プログラムの効果的な実施を促す（または将来促す）人として、リーダーシップ開発の重要施策を支援するための影響力の行使と、組織の人々が関係を構築するための支援に力を注ぐ必要があります。

リーダーシップ開発プログラムの必要要件

効果の高いリーダーシップ開発プログラムは、自然発生的に出来上がるものではありません。そのようなプログラムは、非常に注意深く計画される必要があり、以下のような要件を反映していなければなりません。

1. 組織のトップリーダーが、プログラムに対して強力なコミットメントを示している
2. プログラムは、組織のビジョン、バリュー、戦略と関連づけられている
3. プログラムは、サクセッション・プランニングと結びついている
4. プログラムは、個人と組織の両者のニーズを満たしている
5. リーダーシップ・コンピテンシーが、明確に特定、定義され、組織全体に伝えられている
6. リーダーシップ・コンピテンシーに関連し、人材開発を主眼としたアセスメントがある
7. リーダーの業績目標に、自分自身のリーダーシップ開発計画が含まれている
8. 全階層のリーダーが、ティーチングとコーチングに携わっている
9. 社員教育の活動は、組織課題や事業課題と関連している
10. 経営層が、プログラムを絶えずモニタリングしている

実践に向けて

みなさんの会社で行う包括的なリーダーシップ開発施策の準備に役立てるために、表2-1のような組織の準備度合いに関するチェックリスト（Organizational Readiness Checklist）を完成させてみましょう。そして、みなさんの会社の主要なリーダーたちにも同じ質問をしてみましょう。

表2-1　組織の準備度合いに関するチェックリスト

	はい	いいえ
次のチェックリストを使い、あなたの組織が、リーダーシップ開発プログラムの実行に対し、どのくらい準備ができているかを測ってみましょう。		
この組織は、真に社員を尊重している	☐	☐
経営層はすべての社員に対し、組織のビジョン、ミッション、バリューを明確に定義し伝えている	☐	☐
マネジメント能力開発プログラムや管理スキルプログラムの内容は適切である	☐	☐
成果創出に焦点を当てた体系的な業務管理のしくみがある	☐	☐
社員は、能力開発や教育の機会を利用するように奨励されている	☐	☐
マネジャーは、部下に対してコーチングを行い、フィードバックを与えている	☐	☐
マネジャーは、部下からのフィードバックを歓迎している	☐	☐
業績の基準は適正で、社員に明確に伝えられている	☐	☐
社員は、主体的であること、リスクテイクすることを奨励されている	☐	☐
経営層は、リーダーシップ開発プログラムの効果を確実にするために、必要な資源（時間、資金、人）を進んで配分する	☐	☐

　さて、得られた回答を比べてみましょう。みなさんとその他の人の回答に差異がある項目に注意し、回答者全員と会って、その人たちの認識や回答の理由について話し合ったうえで、リーダーシップ開発プログラムの設計の前に必要なアクションを特定します。

　次章では、リーダーシップ開発プログラム作成の最初のステップを学びます。最高責任者レベルの役職に限定せず、すべての階層のリーダーを含めた、包括的にサクセッションを管理するしくみの開発について学びます。

第3章

未来のリーダーを育てる

> **この章の内容**
> ここでは、以下の事柄を学びます。
> ▶ リーダーシップ開発とサクセッション・プランニング（後継者計画）の結びつき
> ▶ 「ハイポテンシャル」の意味合い
> ▶ アセスメントのための様々な手法とツール
> ▶ リーダーシップ開発計画のつくり方

　リーダーの開発を、必要に迫られるまで放っておいてはいけません。明日のリーダーたちの育成プロセスは、サクセッション・プラン、企業のゴール、戦略と一体化させて進めなければなりません。しかし、残念なことに、サクセッション・プランそのものがない企業が多いのです。

サクセッション・プランニング

　サクセッション・プランニングとはどのようなものでしょうか？　また、それがなぜ重要なのでしょうか？　一言で言えば、サクセッション・プランニングとは、組織の主要な役割に就く人材を育成するシステマチックなプロセスであり、サクセッション・プランニングのプログラムの目的は、組織と

社員個人のゴールやニーズをすり合わせることによって、リーダーシップの継続性と円滑な組織運営を保つことです。優れたサクセッション・プランがあれば、組織の全階層におけるリーダーポジションの社内候補者が育成され、円滑な組織運営が確立されます。また、適時に、適材適所を行えるように備えることができます。さらに、企業は、競争優位を保ち、人材の成長と育成に前向きな風土を組織内に醸成し、リーダーシップの継続性を保ち、個人の成長と組織の成功の両方の達成に向けて人的資源を最も有効に活用できます。一方、サクセッション・プランがなければ、組織は常に危機的な状況で経営を行い、重要なポジションが欠員した際は、慌てて後任者を探さざるを得なくなります。

　サクセッション・プランニングは、いくつかの形式で行われます。後任者名の推挙のようなシンプルなリプレース・プランニング（replace planning）は、重要なポジションに登用可能な社内の後任人材を明確にするプロセスであり、公式の人材開発計画や人材開発活動を伴うこともあります。多くの場合、後任の人材は、単に、現在の役職やその在任期間の長さによって決められています。ディベロップメンタル・サクセッション・プランニング（developmental succession planning）は、登用可能な社内の後任人材を示すだけでなく、より高位の責務・役職が担えるように、その人材を育成するための特別な人材開発活動を含みます。そして、タレントプール・プランニング（talent pool planning）のプロセスは、重要な役職へ登用可能な社内の後任人材を複数集め、グループ（タレントプール）として特定するとともに、開発の機会を提供します。ここでは、サクセッション・プランニングのプロセスの開発的な側面に焦点を置きます。

　効果的なサクセッション・プランニングのプログラムでは、それぞれのリーダーポジションの職務要件と人材の能力要件を特定します。そのうえ、ポジションが空く将来に向けた候補者育成のために、それぞれの候補者に求められるスキルと経験の概要の説明が求められます。サクセッション・プランニングは、リーダーシップ開発と共に進められます。そして、サクセッション・プランは、組織における人材開発の方向性を示さなければならず、社員の人材開発への取り組みは、サクセッション・プランと一体化していなければなりません。

ここで、一言注意しておきますが、サクセッション・プランは、定期的な見直しなしでは、時代遅れになります。そこで、見直しをモニタリングする人の任命をお勧めします。また、モニタリングとレビューのプロセスとして、少なくとも年１回（年２回のほうが好ましい）の人材レビューを行います。このプロセスでは、個々の候補者の育成計画とその進捗を評価し、検討することで、その人材のスキルと特性が企業の戦略とゴールに適しているかどうかを常に確かめます。

ハイポテンシャルな社員

サクセッション・プランニングの実行には、まず初めに、サクセッション・プランに組み込む将来有望なリーダー人材を社内で見つけ出さなくてはなりません。リーダー人材やハイポテンシャルな人材（高い成長の可能性をもち、将来を期待される人材）を特定したら、リーダーシップ開発のアサインメントや学習経験を与える対象者にします。ハイポテンシャルな人材は、重要なポジションの遂行、より高いレベルの責任の遂行、あるいは、専門技術の向上と熟達のうちのいずれかを達成できる素質をもっています。

ハイポテンシャルなマネジャーの選抜

ハイポテンシャルな人材を見つけ出すプロセスでは、以下のようなアプローチを組み合わせます。

- ▶ 最近の実績についての検討と評価。過去に上げた実績は、将来の指標となります。（このアプローチは、問題解決能力や学習の速さといった望ましいスキルのうち、対象者たちが実際に発揮したものを見つけることを指します）
- ▶ 多面（360度）評価のツール、調査、インタビューを含む一連のアセスメント。（このアプローチには、対象者本人と、部門長、直属上司、同僚、メンター、社内のその他のリーダーなどが関わります）

▶ 職務遂行時のリーダーシップ行動の観察。(望ましいリーダーシップ行動は組織ごとに異なりますが、だいたいにおいて、ハイポテンシャルな人材は、イニシアチブをとり、現状の業務プロセスを改善、または新しいプロセスを開発します。そして、困難な任務に自ら取り組み、高い問題意識をもち、問題解決方法を提案し、より効率的な業務遂行のためのテクノロジーを駆使し、変化に適応していくといった行動を取ります)

ハイポテンシャルな人材を特定するプロセスでは、戦略計画を立てるプロセスで定義されたコンピテンシー[※1]に留意しましょう。ひとたびコンピテンシーを定義したら、表3-1のような個人用のニーズ・アセスメントのフォームを作成します。このフォームは、リーダーシップ開発の対象者とその上司が、対象者が開発すべきコンピテンシーを見極めるために使います。特定のコンピテンシーについて、対象者たちには自己アセスメントをしてもらい、上司たちにも具体的な対象者を思い浮かべながらフォームを埋めてもらいます。そのうえで、上司と対象者が会い、シートに書き込んだ内容を見比べるのもよいでしょう。

表3-1　個人用ニーズ・アセスメント

このアセスメントの目的は、あなたが、リーダーの役割をより効果的に遂行するために特に開発したいと考えている能力・スキル分野の明確化を支援することです。
なお、このアセスメントの集計結果は、当社のリーダーシップ開発プログラムの企画にあたり、プログラムの焦点とコンテンツ[※2]を決定する参考にします。

以下のリーダーシップ・コンピテンシーについて、(あなたが認識している)ご自身のスキルレベルについて評価をお願いします。

5＝ 非常に優れている
4＝ 平均以上に優れている
3＝ 平均的である
2＝ 平均以下である
1＝ ほとんどもっていない

　　＿＿＿ コミュニケーション
　　　　　組織のすべてのコミュニケーションの流れを改善するために、信頼の高いオープンな雰囲気を創り出し、すべての階層の人たちと巧みに、かつ効果的にコミュニケーションを取り、自分へのフィードバックを求める能力

____ 動機づけと他者の感化

　　社員が、実質的な貢献を生み出し、全力で働き、成果を上げることに熱心になる環境をつくり出すとともに、報酬と承認のテクニックを用いて、社員の積極的で自発的な行動を導く能力

____ マネジメントと成果の評価

　　明確で現実的な期待値を設け、その期待値を他者に伝え、進捗をモニタリングし、成果を継続的に測定していく能力

____ コーチング

　　社員の業績上の課題克服や能力向上に関して、継続的にフィードバックとサポートを行い、社員自身の想定を超える成果を達成できるように励ます能力

____ コンフリクト・マネジメント

　　確立した手法とテクニックを用いて、対立を効果的に予防、解決し、チームメンバーが対立を処理できるように支援する能力

____ 問題解決と意思決定

　　意思決定と問題解決のための数多くのアプローチとテクニックを用いるとともに、チームメンバーに対して同様のスキルと能力の開発を支援する能力

____ 優れたチームづくり

　　組織の目標達成のために部門内外の他者と協創して働くとともに、チームメンバーが顧客のニーズや期待に応えるために、協働する環境をつくり出す能力

____ 変革のリード

　　組織内の変革をリードし、マネジメントして、事業環境の変化に対して迅速に対応するとともに、他者が変革に対応し、マネジメントすることを支援する能力

____ 計画の立案、調整、権限委譲

　　仕事を計画、調整し、組織の目標達成のために重要な事項から優先順位をつけるとともに、目標達成に向けて、自分自身が責任を負い、他者にも責任を負ってもらう能力

あなたは、これまでどのようなマネジメントコース、ワークショップ、セミナーに参加しましたか？
_____
_____

人材のマネジメントにあたり、最も難しい課題、または、挑戦は何ですか？
_____
_____

ハイポテンシャルな人材のアセスメント

　自己開発は、自己理解から始まります。したがって、自己認識は、リーダーシップ開発の鍵であり、継続的なフィードバックを通じて深化します。組織は、リーダー人材やハイポテンシャルな人材に、実際の強みと弱み、スキルギャップを見せるアセスメントのツールやプロセスを使うことによって、個人がありのままの自己を評価できるよう支援します。筆記式やコンピュータ入力式のアセスメントの目的は、対象者の内省と自己鍛錬のためのフィードバックの提供と、さらなる改善が必要な分野の特定、もしくは、将来の成長に向けての起点やベースラインの設定です。いくつかの研究によって、最も優れたリーダーは強固な自己認識をもつことが示されています。そのようなリーダーたちは、自分自身の性格の特徴、行動パターン、価値観の体系、他者と働く際の働き方のスタイルを理解しています。

　自己認識の材料となるこうした情報は、アセスメントツールやインタビュー、業務遂行時やアセスメントセンター[※3]での行動観察を通じて集められます。データが収集、分析され、強みと今後の開発ニーズの両方が明らかになると、その結果は対象者個人とその上司、人事マネジャーの間で共有されます。次のステップでは、対象者のIDP（Individual Development Plans：個人別開発計画）が策定されます。この開発計画の策定では、研修プログラムやコーチング、業務経験、その他の個人またはグループ活動を通じた学習活動（第5章から第7章で詳細を述べます）といった、開発の具体的な活動を決めます。

多面的（360度）フィードバックの活用

　多面的（360度）フィードバックでは、対象者個人が、上司、部下、同僚、チームメンバー、共に働く他部門の社員といった全階層の関係者や、顧客からも、自身の行動と業績に関するフィードバックをもらいます。これは、単独の活動ではなく、プロセスであり、対象者本人の自己評価も含みます。最も一般的に利用されているアセスメントがリーダーシップ・プロファイル（leadership profile）です。リーダーシップ・プロファイルでは、組織のバ

リューとリーダーシップの実践を反映する、対象者の行動に焦点を当てます。異なる人々からのフィードバックは、偏りを取り除き、対象者本人の行動やその実践結果に関する価値ある情報を本人へ提供するのに役立ちます。こうして得られた情報が、IDPの土台を形づくるのです。

> **基本原則5**
>
> 人は、自身の位置づけを知れば、より一層貢献するようになる。

アセスメントツール

アセスメントのツールには、アンケート調査、チェックリスト、インベントリー（inventory：タイプ分け診断）、質問票、テスト（検査）などがあります。アセスメントツールを選ぶ際は、以下のガイドラインに沿って検討を行いましょう。

- ▶ **妥当性**：測定、診断したい内容が、正確に測定、診断できるツールか？
- ▶ **信頼性**：採点方法はどの程度正確か？　同一個人に同一の条件で実施するたびに、同一の結果が得られるか？
- ▶ **理論的な根拠**：どのような理論に基づいたツールか？　ツールには、確実な根拠のある理論的なフレームワークの裏付けがあるか？
- ▶ **入手のしやすさ**：ツールはどの程度入手しやすいか？　販売者から直接入手できるか？　それとも販売代理店へのコンタクトが必要か？
- ▶ **受検者の不安感**：項目や質問文、結果レポートが受検者を脅かすものではないか？　リーダーシップポジションの人たちであっても、アセスメントのプロセスで脅威を感じることがある
- ▶ **回答のしやすさ**：回答のプロセスは簡単か？　回答に際し、受検者への手助けがどのくらい必要か？
- ▶ **運営のしやすさ**：アセスメント全体のプロセスはどのくらい複雑か？　アセスメントを運営するのに、認可が必要か？
- ▶ **データの解釈**：データの解釈内容は、どのくらい有益なものなのか？

- ▶ **基準/比較データ**：結果を比較できるデータが存在するか？
- ▶ **時間**：アセスメントの完了、採点、結果の検討にどのくらいの時間を要するか？
- ▶ **費用**：ツールの価格はいくらか？ 投資に値するか？ ツールは、他の対象者や研修プログラムに再利用できるか？ それとも、一度しか利用できないものなのか？
- ▶ **著作権**：使用にあたりどのような制限があるのか？
- ▶ **ファシリテーターガイド**：ファシリテーターガイドやアセスメント運営のインストラクションは、あいまいではなく理解しやすいか？

パーソナリティー・プロファイル

個人のパーソナリティーと行動の洞察を得るのに役立つ多くのアセスメントのうち、いくつかを以下に例示します。なお、適切な資格や認定をもっている人以外は、アセスメントの取り扱いや実施が許可されない場合がありますので、その点には注意しましょう。

マイヤーズ・ブリッグス・タイプ・インディケーター（Myers-Briggs Type Indicator：MBTI）

考案者：イザベル・ブリッグス・マイヤーズ（Isabel Briggs Myers）、
　　　　キャサリン・ブリッグス（Katherine Briggs）
販売者：コンサルティング・サイコロジスト・プレス（Consulting Psychologists Press）（米国）

この分野の古典であるMBTIは、個人のパーソナリティーの違いを理解し、違いの素晴らしさを称賛するために使われています。MBTIは、リーダーたちが、より効果的に他者と働き、交流する方法を特定するために活用できます。

ディスク（DiSC）

販売者：インスケープ・パブリッシング（Inscape Publishing）（米国）

　DiSCのプロファイルは、自己理解と他者理解に役立ちます。この行動特

性アセスメントでは、「個人のパーソナリティー」と「その人が置かれている状況への認知」に基づき、その人がどのようなコミュニケーション行動のスタイルを取っているのかを認識できます。

ライフォ（LIFO）
考案者：スチュアート・アトキンス（Stuart Atkins）
販売者：ビジネス・コンサルタンツ・ネットワーク（Business Consultants Network）

　LIFO は、個人の生活・仕事についての志向性を特定し、より効果的な他者との働き方に対する理解を助けます。

リーダーシップ・アセスメント

　市場では、おびただしい数のリーダーシップ・アセスメントが提供されています。まずは、何を測定、診断したいのかを正確に決め、みなさんの具体的な職務にとって意義あるデータが得られるツールを探し出すために、ツールの調査に然るべき時間をかけましょう。次に挙げるのは、2つのリーダーシップ・アセスメントの例です。

リーダーシップ・プラクティス・インベントリー（Leadership Practices Inventory ＜ LPI ＞）
考案者：ジェームス・M・クーゼス（James M. Kouzes）、バリー・Z・ポズナー（Barry Z. Posner）
販売者：ファイファー（Pfeiffer）（米国）

　LPI は、個人と組織についてリーダーシップ・コンピテンシーを測定する、360 度評価のリーダーシップ・アセスメントのツールです。

トゥエンティファースト・センチュリー・リーダーシップ（21st Century Leadership）
考案者：ウィリアム・スティーバー（William Stieber）、カレン・ローソン（Karen Lawson）

販売者：トレーニング・アンド・コンサルティング・ツールズ（TACTools）
　　　　（米国）

　この自己アセスメントツールは、6つの領域／能力（自己マスタリー[※4]、未来志向、革新性、組織開発、組織の交流、改善志向）における個人のリーダーシップ行動を自己評価するものです。

種々のスキルアセスメント

　最も一般的なリーダーシップ開発プログラムでは、コーチング、コンフリクト・マネジメント、変革マネジメントといった、多くのプログラムや学習テーマが提供されます。以下に、コンフリクトプログラムとコーチングプログラムで使われるアセスメントの例を紹介します。

ストレングス・デプロイメント・インベントリー（Strength Deployment Inventory）

考案者：エリアス・ポーター（Elias Porter）
販売者：パーソナル・ストレングス・パブリッシング（Personal Strengths
　　　　Publishing）（米国）

　このアセスメントは、リーダーが、2種類の条件下（すべてが順調に進んでいる時と対立や反対に直面している時）で、他者との関係において活用している強みを見極められるように設計されています。この360度評価では、リーダー自身の行動と、職場で周囲の人々がそのリーダーの行動をどのように受け止めているかについて洞察を得られます。この洞察は、多くの仕事上の人間関係において、リーダーの行動をさらに効果的にするのに役立ちます。

トーマス・キルマン・コンフリクト・モード・インベントリー（Thomas-Kilman Conflict Mode Inventory＜TKI＞）

考案者：ケネス・W・トーマス（Kenneth W. Thomas）、ラルフ・H・キル
　　　　マン（Ralph H. Kilman）
販売者：エグジコム（Xicom）（米国）

　TKIは、対立状況での個人の行動をアセスメントするように設計されて

います。このアセスメントでは、個人の行動を（1）主張性（自己の利害を満足させようとする度合い）、（2）協調性（相手の利害を満足させようとする度合い）の2つの次元で表します。

コーチング・スキルズ・インベントリー　第三版（Coaching Skills Inventory, 3rd edition）

考案者：ケネス・R・フィリップス（Kenneth R. Phillips）
販売者：エイチ・アール・ディー・キュー（HRDQ）（米国）

　このツールは、部下との効果的なコーチングのミーティングを行うための重要なスキルについて、そのスキルを使うタイミングと使い方に対するマネジャーやスーパーバイザー、チームリーダーの洞察力を診断します。

コーチングパワー：パフォーマンス・インプルーブメント・アンド・ディベロップメンタル・インベントリー（Coaching Power: Performance Improvement and Developmental Inventory）

考案者：カレン・ローソン（Karen Lawson）、ウィリアム・スティーバー（William Stieber）
販売者：トレーニング・アンド・コンサルティング・ツールズ（TACTools）（米国）

　コーチングスキルの向上に関心をもつマネジャーやスーパーバイザー向けのアセスメントツールです。コーチングにおける自身の振る舞いについての洞察を提供すると同時に、体系的なコーチングセッションを実施するためのプロセスを紹介しています。このツールの最終的なゴールは、部下がより効果的に働くことを支援できるように、マネジャーやスーパーバイザーのコーチングスキルの強化を促すことです。

ザ・ツー・フェイス・オブ・コンフリクト：マネージング・インターパーソナル・アンド・チーム・コンフリクト（The Two Faces of Conflict: Managing Interpersonal and Team Conflict）

考案者：カレン・ローソン（Karen Lawson）、ウィリアム・スティーバー（William Stieber）

販売者：トレーニング・アンド・コンサルティング・ツールズ（TACTools）（米国）

このツールを使えば、コンフリクト・マネジメントにおける効果的な行動に関する有用な自己アセスメントができます。このツールでは、（1）コンフリクトの当事者である状況、（2）チームという設定の中で、他者の対立解消を支援している、という2つの状況におけるコンフリクト・マネジメントについて回答します。このアセスメントの実施目的は、回答者が自身の対立への対処について洞察することですが、回答者のコンフリクト・マネジメントに関する行動を、他者がどう認識しているかを診断するために、他者にも受検してもらうこともできます。

アセスメントセンター、アクセラレーションセンター

外部のアセスメント専門機関であるアセスメントセンターやアクセラレーションセンター（acceleration center）は、対象者の具体的な能力開発ニーズを定義し、どれくらいの能力レベルへどの程度の速度で成長できるのかを推定するのに役立ちます。これらのセンターでは、アセスメント対象者は、たいてい、社員の対立への対処、合併の交渉、政府当局からの照会の取り扱い、マスコミ対応のような、あらゆるリーダーシップポジションで直面する難題についてのシミュレーション演習に取り組みます。参加者には、前述のような状況で、すべての事実情報が手に入らなくとも、即座に意思決定することが求められます。

IDPとキャリア開発のディスカッション

アセスメントフェーズの結果は、対象者個人の昇進実績、達成した業績、特技、強み、能力開発ニーズ、業績評価、他者からの印象といった項目を含むリーダープロファイルとなります。アセスメントフェーズ完了後は、対象者の開発計画を詳細に立てます。それには、対象者が、組織の長短期のニー

ズや戦略の方向性を踏まえて、コンピテンシーのギャップを特定する支援が必要でしょう。

IDPは、対象者個人の学習や、リーダーシップ開発のゴール、その達成手段、方法を記載した公式の書面です。この書面には、リーダーが、IDPのゴールにあたるコンピテンシーを身につけるために必要な公式または非公式の学習活動と仕事の経験が具体的に記されています。対象者とその上司は、共同でIDPを作成します。

上司との話し合いに向けた準備として、対象者には、表3-2のようなキャリア診断表(Personal Career Assessment Form)を記入してもらいます。

表3-2　キャリア診断表

1. 現在の役職は、あなたの能力と今後12カ月のキャリア目標にどのくらい合っていますか？　もし、あまり合っていないようならば、あなたはどのような仕事をやりたいのですか？
2. あなたの今後2年から5年の間のキャリアのゴールは、どのようなものですか？
3. スキル向上やキャリアのゴールに近づくために、どのようなことに取り組んでいますか？（もしくは、過去12カ月間に、どのようなことに取り組んできましたか？）リーダーシップスキルやリーダーシップ開発に重点をおいた研修コース、ワークショップ、セミナー、市民や専門職としての活動などを含めてください。
4. キャリア目標を達成するために、どのような具体的な行動を取ることを計画していますか？（またはどのような具体的な行動を取りたいですか？）

ハイポテンシャルなマネジャーやリーダーのIDPは、学習や開発の実施に先駆け、リーダーシップ開発のゴールを明確にするフロントエンド分析[※5]として作成すべきです。個々の計画は、対象者と上司の両者によって立てられた開発ゴールが起点でなくてはなりません。上司と対象者は、求められる成果に基づいて、設定した開発ゴールの達成や対象者個人の開発ニーズの充足に適切な学習活動を取り決めるために、共に考えながら計画を立てます。ここでいう学習活動は、個人活動とグループ活動の両方、フェイス・トゥー・フェイスの学習経験やWebなどのテクノロジーを介した経験などを伴います。これら個々の学習活動は、統合的なアプローチの一環であるとともに、具体的な個々の目的をもつ必要があります。1つひとつの学習活動は、その

目的を意識しながら念入りに選定されたうえに、組織戦略や人事政策、人事施策と方向性が合っていなければなりません。表3-3は個人IDPの一例です。項目の1つとして、対象者個人が学習経験の終了時に記入する、振り返り評価が入っていることに注目してください。

次のステップでは、対象者に対し、キャリアパスを昇る術を与える学習経験や機会を選定します。リーダーおよびハイポテンシャルなリーダーは、上司やコーチ、メンターの導きを受けて、プログラムや研修といった学習経験と自身のキャリアパスに結びつくリーダーシップ開発の機会を選びます。

表3-3　IDP

対象者氏名＿＿＿＿＿＿＿＿＿＿　部門＿＿＿＿＿＿＿＿＿＿＿＿＿

現在の役職／役割責任＿＿＿＿＿＿＿＿＿＿＿＿＿＿＿＿＿＿＿＿

上司氏名＿＿＿＿＿＿＿＿＿＿＿＿　日付＿＿＿＿＿＿＿＿＿＿＿

指示事項：対象者のキャリアパスに沿った昇進と昇格を支援するための計画を以下に記述してください。この計画は対象者と共同で作成しましょう。シートは、個別のリーダーシップ開発のゴールごとに作成してください。

パートA：計画

1. リーダーシップ開発ゴール：このゴールは、知識、ジョブチャレンジ（難易度の高い仕事の経験）、コンピテンシーのいずれかに関連していることが必要です。

　　ゴール／ニーズ：

2. リーダーシップ開発手法：対象者の開発ゴールの達成を支援するために用いる手法（研修、コーチング、メンタリング、特別なアサインメントなど）をリストアップしてください。そして、それぞれの学習経験のタイムスケジュールと、どのように学習内容を仕事で活かすのかを簡単に述べてください。

　　リーダーシップ開発手法：

　　利用する情報やそのリソース：

　　開始日：　　　　　　　　　　　完了予定日：

　　仕事への活かし方：

　　学習成果の測定方法：

パートB：進捗確認

1. 進捗確認ミーティング：対象者と上司は進捗状況を確認するために定期的にミーティングを行ってください。

    ミーティング日程：　　　　　　　結果：

2. その他のモニタリング方法：その他にモニタリングのために使用した（または使用される予定の）方法を記入してください。

パートC：リーダーシップ開発の成果

1. 取り組んだ学習経験を振り返り、評価してください。
    - うまくいったことは何ですか？
    - 何を学習しましたか？
    - どうすれば、学習経験をさらによいものにできたと思いますか？
    - 学習経験の中で、どのような困難や障壁にぶつかりましたか？
    - その困難や障壁をどのように乗り越えましたか？

2. 行動、スキル、知識の活用について振り返り、評価してください。
    - 学習経験を通じて得た知識、スキル、行動、見識をどのように仕事で活用していきますか？
    - 学習内容を活用するにあたり、どのような難しさを経験しましたか？
    - 学習内容の活用をどのように継続していきますか？

3. 学習経験で得た気づきや効果について振り返り、評価してください。
    - リーダーシップ開発の学習経験（development experience）を通じて、どのような付加的なスキルや知識を得ましたか？
    - どのような気づきを得ましたか？
    - このリーダーシップ開発の学習経験は、あなたのリーダーとしての成長にどのように役立ちますか？

効果的なプログラムでは、対象者個人のニーズに適合し、しかも、企業の事業のゴールや目標と連動する開発手法の選択肢をたくさん備えておく必要性があることに留意しておきましょう。

基本原則6

研修が自発的なものであればあるほど、参加者の研修に対するモチベーションと関与は向上する。

リーダーシップ開発活動に向けた準備

　キャリア開発についての普遍的なディスカッションが行われ、リーダーシップ開発計画が適切に決まったら（ここには、戦略的事業目標または対象者個人のゴールと結びついた学習活動の選定が含まれます）、対象者には、リーダーシップ開発の学習経験に向けて準備をさせます。

　研修やその他の学習経験の効果は、参加者がいかに十分に事前準備をしているかに左右されます。参加者の上司には、参加者に対し、将来に向けての期待を伝え、学んだスキルの仕事における活用を徹底させる責任があります。以下のガイドラインは、部下のリーダーシップ開発の学習経験における事前準備として、上司が管理すべきプロセスの概要です。

> **補足説明**
>
> 上司が支援的で、関与の度合いが高ければ高いほど、参加者は研修に対し、より一層積極的になることが、研究で立証されている。

アサインメントや研修の前に実施すること

　研修参加者の上司は、参加者本人と対話の機会をもち、参加する研修と参加者の業務との関連を伝えなければなりません。また、研修プログラムの概要、その参加者が派遣される理由、そのプログラムで得てもらいたいことについても説明し、参加者がその研修を通じて何を学びたいのかを明らかにします。実際は、筋書き通りに進められることはそうそうありません。以下に、参加者がアサインメントや学習経験に取り組み始める前に上司がやっておくべきことを提示します。

- ▶ アサインメントや研修実施に先駆けて、参加者のアサインメントにおける業績目標、役割、期待について、レビューを行いましょう。
- ▶ 研修実施に向けて、参加者に、研修の目的と内容を含む全体概要を説明しましょう。
- ▶ 参加者がプログラムの参加でなじみの薄い場所へ出張する場合は、旅行手配や宿泊、適切な服装、旅費の払い戻し規定と手続きなど、予測できる事項について説明する機会をもちましょう。

▶ 参加者に、プログラムやアサインメントから何を学んでくることを期待されているのか、研修やアサインメントは、対象者の仕事やリーダーシップ開発計画にどのように関連しているのかを伝えましょう。
▶ 参加者に対し、参加するプログラムで何を身につけたいのかを尋ねましょう。そして、対象者が開発したい具体的なスキルや得たい情報、解決したい課題を特定するよう勧めましょう。さらに、対象者には、学習内容の仕事への活用を期待していることを伝えましょう（このことは、完遂する人が少ない自己学習式のプログラムにおいては、特に重要です）。
▶ 参加者に、プログラムやアサインメントの完了時に、上司である自分とのディスカッションが予定されていることを知らせましょう。学んだこと、学んだことの仕事への活かし方、この研修が対象者や組織（もし付け加えられるのなら顧客も）にもたらす利益といった項目を含む、学習経験に関する簡潔なまとめを書いてもらうことを提案してもよいでしょう。また、参加者に対し、スタッフ・ミーティングで、同僚たちへ学習内容を共有するよう求めても構いません。
▶ 参加者は、仕事が滞ってしまうという理由で、職場を離れることを気に掛けます。上司は、参加者が研修から戻って処理しなければならない仕事を確かめ、心配せずに参加するように参加者に告げましょう。そして、参加者に対し、研修やアサインメントの中からできるだけ多くのことを学んでくるよう望んでいると強調しましょう。

アサインメントや研修の後に実施すること

アサインメントや学習経験の期間の長さ次第ですが、このリーダーシップ開発活動におけるすべての関係者（参加者、上司、トレーナー、アサインメント上の上司、メンター、コーチなど）で、進捗確認ミーティングをスケジュール化する必要があります。このミーティングの頻度は、関係者のスケジュールや学習活動の複雑さによって異なります。参加者が研修やアサインメント、その他の開発活動から戻ってきたら、上司は、学習の成果や次のステップについて参加者と討議し、学習を強化しなければなりません。学習経験の報告を実施する方法に関して、次に、上司への示唆を挙げます。

▶ 参加者に、何を学んだか、学んだことは期待と合っていたかどうかを尋ねましょう。
▶ 参加者との討議では、主に、学んだことの仕事への活用について話しましょう。また、仕事への活用方法を具体的に示してもらい、活用に向けて上司はどのようにサポートできるかについて尋ねましょう。
▶ 参加者に、経験内容、主要な学習ポイント、学習で使用した資料やデータを同僚と共有することを頼みましょう。
▶ 参加者が学んだことを活用しているかどうかを確認するために、事後2、3カ月の間はフォローアップを行いましょう。そして、職場で活用するための十分な時間を取った後に、参加者にさらに学習したいこと、学習を必要とすることを聞いてみましょう。

考えるヒント

参加者の学習経験に向けた準備を、上司たちに強制することは難しくても、少しばかり促すことはできます。上司たちに、どうすれば部下の準備を支援できるのかについて、メモで提案を送ってみましょう。

実践に向けて

複数のセッションを行う研修プログラムを運営する場合は、研修参加者の上司を別の方法で巻き込むことができます。セッション外で完成する宿題やプロジェクトアサインメントを設定し、参加者と上司にそのアサインメントについて話し合いをもたせ、上司に署名させるようにします。また、それぞれのセッション終了時に、参加者に学習のまとめを書かせて、それを使って上司と討議させ、その討議結果を次のセッションで共有する準備をしてもらうという方法もあります。

次章では、リーダーシップ開発プログラムの設計と開発について学びます。

---

1. 第2章内の「リーダーシップ・コンピテンシーを定める」(P. 31) 参照
2. プログラムで取り扱う分野やテーマを指す
3. 参加者がマネジメントに関する演習やシミュレーションを行い、その出来について専門の観察者からフィードバックを受けるサービスを提供する機関
4. 自己のビジョンと現状とのギャップを認識し、それを埋めるための継続的な能力開発への取り組みを促す個人の強い心の持ち様を指す（センゲ＜Senge＞、1990年）
5. ここでは、人材開発を実施する前に、現状の課題やニーズを明らかにする分析のこと

第4章

リーダーシップ開発プログラムの設計

この章の内容
ここでは、以下の事柄を学びます。
- ▶ フロントエンド分析の実施方法
- ▶ 研修設計の基本
- ▶ 協調学習（Cooperative Learning）とアクティブ・トレーニングのテクニック

　公式のワークショップやセミナーは、リーダーシップ開発プログラムの核となります。どのようなプログラムにも取り入れるべき標準的なテーマはありますが、適切な対象者のために適切なモジュールを選び、適切な順序でそのテーマを実施することが重要です。

フロントエンド分析

　リーダーシップ開発プログラムの設計、開発を始める前には、徹底的なフロントエンド分析が必要です。フロントエンド分析は、プログラム開発の根拠として使われ、プログラムの効果の測定基準を確立します。この分析によって、事業戦略課題や組織課題に合わせて、プログラムをカスタマイズできるようになります。フロントエンド分析の過程では、組織の戦略目標、主要

課題、現在および将来に求められるリーダーシップ能力を含む組織の背景状況を扱います。また、プログラムの設計は、組織のリーダーシップ・コンピテンシーを反映していなければなりません。フロントエンド分析は、プログラムの成果を達成するのに必要な学習活動を決める際に役立ちます。しかし、提供する研修やその他の学習活動の種類を決める前に、プログラムに求められる成果を明確にすることが必要です。

ニーズ・アセスメント

　本章で議論するニーズ・アセスメントのプロセスは、主に、組織の広く包括的なリーダーシップ開発プログラムの核となる、企業内のグループでの研修プログラムに活用されています。

ステップ1：組織の背景状況を特定する

　リーダーシップ開発プログラムとそのビジネスインパクト（business impact：事業影響度）について十分理解するために、まずは上級マネジャーとの意見交換を始めましょう。上級マネジャーとの対話では、組織の方向性と予想される業界の変化について聞くために、戦略上の質問をすることが重要です。つまり、ニーズ・アセスメントは、組織の背景状況を特定することからスタートする必要があるのです。
　以下の質問は、大局的な観点から見た事業ニーズを、一層深く理解するのに役立つでしょう。

- ▶ 組織のビジョンは何ですか？
- ▶ 組織のミッションは何ですか？
- ▶ 短期と長期、それぞれの主要なゴールと目標は何ですか？
- ▶ どのような組織や業界の問題が、研修へのニーズを生じさせているのですか？
- ▶ あなたにとって、現時点での最も重大な懸念事項は何ですか？

もちろん、学習担当部門のリーダーはこれらの質問への回答をすでに知っているべきですが、もしかしたら、リーダーの役割と役職によってはつかみづらいこともあるでしょう。ニーズ・アセスメントを推進する学習担当部門のリーダーは、できるだけビッグピクチャー（big picture：全体像）を知っておくべきです。もし、戦略計画を策定するプロセスに関わっていないのなら、関係者に頼んで、戦略計画を説明してもらいましょう。

　第3章では、リーダーとハイポテンシャルな人材をアセスメントするプロセスについて論じました。研修プログラム設計の前に、対象者個人に関して集められたデータもレビューしなければなりません。組織の規模や構造、リーダーや特定したハイポテンシャルな人材の人数にもよりますが、以下のように、異なる複数の階層レベルのリーダーシップ開発プログラムをつくる必要があるかもしれません。

▶ レベル1：現場リーダーと同役職へ1年以内に昇進予定の社員
▶ レベル2：ミドルマネジャー（課長クラス）とアシスタントマネジャー（課長補佐クラス）
▶ レベル3：上級マネジャー（事業部長、部長クラス）、ディレクター（役員）、専門職の責任者

ステップ2：成果を定める

　ニーズが見えたら、プログラムが達成すべき具体的な目標を定義します。目標は、「研修の結果として求められる業績や行動（行動目標）」の形で描写され、測定可能、観察可能、現実的に達成可能、修正可能なものでなければなりません。様々な階層のリーダーたちと一緒に検討しながら、測定可能な、組織のゴールと結びついた目標を決めましょう。みなさんが望むプログラムの成果は、参加者の気づきの向上、スキルの向上、行動の変革、それとも、意識や信念の改革でしょうか？　プログラムに求められる成果は、たいていの場合、上級マネジャーたちとの議論を通じて決められます。その議論の中で、組織のリーダーたちの知識、スキル、業績について、リーダーに求められていることと現状とのギャップが明らかになります。このステップでの最

終的なゴールは、具体的で測定可能なプログラムの成果を明確化し、その成果を達成するためのプログラムと重点施策の開発によって、現状とのギャップを縮めることです。

ステップ3：追加のデータを集める

　上級マネジャーやプログラムの対象者から収集した情報に加え、対象者個人というよりはむしろ対象層全体についてさらにデータを集めたり、対象者の上司にインプットを依頼したりする必要が出てくるかもしれません。そこで、表4－1に、データ収集方法の長所と短所を挙げます。

質問票
　質問票は、具体的な対象項目に関する情報収集に使われる質問リストです。この場合、対象項目は、リーダーのスキル、コンピテンシー、資質、特性になるでしょう。質問票は、リーダーやその直属上司、マネジャー、または同僚が記入します。質問の形式は、クローズ・クエスチョン（close-ended question：限定質問）もしくはオープン・クエスチョン（open-ended question：拡大質問）、または両方の組み合わせとなるでしょう。クローズ・クエスチョンに対しては、回答者は2つ以上の選択肢から1つの回答を選択します。オープン・クエスチョンでは、端的な回答を文章で書き出します。

ツール
　ツールには、チェックリストや、スキルや特性などの一覧、コメント記入フォーム、第3章で論じたアセスメントツールなどがあります。

インタビュー
　1対1またはグループでのインタビューは、有益なデータの供給源です。インタビューの質問を組み立てる際には、必ず、クローズ・クエスチョンではなく、オープン・クエスチョンにしましょう。クローズ・クエスチョンは、単に「はい」「いいえ」でしか回答できません。たとえば、「あなたは、リーダーシップ研修に対するニーズがあると思いますか？」という質問のように、

第4章　リーダーシップ開発プログラムの設計

表4-1　データ収集方法の長所と短所

データ収集方法のタイプ	長所	短所
オープン・クエスチョン	●回答者が、想定外の新たな話題を提供することができる ●質問を作成しやすい ●運営の費用が抑えられる	●回答者が一方的に発信するコミュニケーションになる ●（記述式回答においては）コメントを記入したくないかもしれない回答者に、記入を強制することになる ●回答者の意見の記述があいまいになる傾向がある
クローズ・クエスチョン	●回答しやすい ●運営の費用が抑えられる ●匿名性、守秘が保たれる ●回答に時間がかからない	●回答から得られる情報が限定される ●質問票の準備にさらなるスキルと作業が必要となる ●質問の意味を誤って解釈されやすい ●質問を作成するのが難しく、時間がかかる
ツール	●研究に基づいた有効性が認められている ●手早く簡単に運営できる ●グループ単位での運営ができる ●手早く回答できる	●実施に際し、運営とコーディネートが必要である ●最適なツールを選ぶことが難しい ●組み立てるのが難しく、時間がかかる ●異なるタイプの複数のツールを調査してみる必要がある
インタビュー	●回答者の言外のメッセージ（表情や動作など）を読み取ることができる ●回答者が話しやすい ●回答者の研修へのコミットメントを築くことができる ●回答者の期待が明確になる ●新たな話題について話せる ●より細かい情報が得られる	●実施に時間がかかる ●回答者によっては圧迫感を感じる ●回答が質問者の先入観に影響される ●データをまとめ、分析するのが難しい ●回答者が、周囲のメンバーの影響を受けた発言をする可能性がある
既存の情報	●現場から収集した、有効性の高い情報である ●1カ所からたくさんの情報源にアクセスしやすい ●費用が安い ●収集にあまり時間がかからない ●収集の手間をとらせない ●具体的な事例が手に入る	●情報が古くなっている可能性がある ●情報が、必要な領域をすべてカバーしていない、または、包括的すぎる可能性がある ●情報を探し出す、または、情報にアクセスすることが難しい可能性がある ●情報の解釈を誤るリスクがある ●情報が偏っている可能性がある

一言で回答を引き出すようつくられています。インタビュー調査は、オープン・クエスチョンで進める必要があります。事柄の核心を即座に把握するためには、「あなたの業務遂行のレベルアップやリーダーとしての開発には、どのような研修が役立ちますか？」というような「how（どのように）」や「what（何を）」で始まる質問をしましょう。「why（なぜ）」で始まる質問は避けるように心がけてください。そのような質問に対しては、インタビュー相手が防御的になりがちだからです。

　質問作成には、かなりの時間を費やし、十分に注意を払う心構えで取り組みましょう。質問は、できるだけ多くの情報を引き出すだけでなく、意味のある情報をもたらす回答が得られるように設計することが必要です。具体的な状況により、内容は異なると思いますが、質問作成に役立ちそうな質問サンプルを次に提示します。

基本原則7

「何を（what）」または「どのように（how）」で始まる質問をする。「なぜ（why）」で始まる質問は、相手を防御的にさせるので避ける。

対象者向けの質問
- マネジャーまたはリーダーとして、あなたが直面している最も重大で難しい課題は何ですか？
- あなたが直面することの多い典型的な状況、顧客、またはプロジェクトにはどのようなものがありますか？
- 現在の役職に就く事前準備として、どのような研修を受けましたか？
- 仕事をよりよく遂行するために、どのような研修をさらに受けたいですか？
- 自分の仕事において、何が最も好きですか？
- 自分の仕事の出来をどのようにして認識しますか？
- 自分の仕事の業績に関して、どのような形でフィードバックを受けていますか？
- どのくらいの頻度で、フィードバックを受けていますか？

対象者の上司向けの質問
- あなたの直属部下であるリーダー（またはハイポテンシャルな人材）に

は、どのように変わってほしいですか？
- 現在、あなたの直属の部下たちが直面している重要な課題、問題、変化は何ですか？
- あなたの部門にいるリーダー（またはハイポテンシャルな人材）がよりよい仕事をするために身に付けなければならない、または改善しなければならないスキル、知識、行動は何だと思いますか？
- 私たちの研修への取り組みの妨げとなりかねない潜在的な障壁とは何ですか？
- 部門のリーダー（またはハイポテンシャルな人材）の業績を測定するにあたり、どのような手法を使っていますか？
- 直属部下の業績について、どのくらいの頻度でフィードバックしていますか？
- マネジャーとして、あなたが直面している最も重要で難しい課題とは何ですか？

既存の情報

業績表彰、イグジットインタビュー（exit interview：退職者インタビュー）、退職率の記録、顧客からのクレーム、事故報告書、従業員による苦情申し立て、部門監査報告は、既存の情報として使えるかもしれません。

ステップ4：データを分析する

データの分析は、選ぶ手法によって、簡単あるいは極めて複雑になります。個人またはグループのインタビュー、オープン・クエスチョンの質問票、観察で得られる定性データには、内容分析（content analysis）を行うとよいでしょう。内容分析では、情報をカテゴリーで分類し（たとえば、「肯定的な反応」「否定的な反応」に分類する）、分類されたグループに共通するテーマを見つけます。内容分析のゴールは、データを最小限の解釈のもとにできるだけ分類、定量化することです。

調査ツールやクローズ・クエスチョンの質問票で得られるような定量データには、統計分析がよいでしょう。分析はできるだけ簡潔にして、複雑な計

算作業にのめり込まないようにしてください。平均、モード（mode：最頻値）、メジアン（median：中央値）に関して、データを見てください。

　分析のフェーズでは、リーダーシップ開発プログラムに関する自身の考えに対し、インタビューやフォーカスグループのような定性データを通じて、洞察を加えます。そして、アンケート調査結果やその他の定量データをもって、その洞察を検証します。データを分類したら、次のステップでは、事業ニーズを常に念頭に置きながら、そのデータの優先度を特定します。これで、データ分析と、研修や人材開発の分野における自身の知識、経験、専門性に基づいて、具体的な研修プログラムを提案する準備が整います。

ステップ5：フィードバックをする

　データを集め、分析したら、結論と提案を主要な人たちへ伝えます。このフィードバックは、文書と口頭の両方で実施します。必要なのは、前向きにこの情報をプレゼンテーションする戦略を立てることです。調査結果と提案を伝える準備に際して、何について（どのくらい）、どのような方法で、誰と共有するのかを徹底的に考えましょう。

報告文書

　最終報告書は重要な要素です。結論と提案に加えて、簡単でわかりやすいフォーマットでデータを提示する形で構成しましょう。最終報告書の長さは、実施したアセスメントの範囲によりますが、いずれにしろ、報告書には以下の要素が必要です。

- ▶ **エグゼクティブサマリー（Executive Summary）**。まず、提案を要約したエグゼクティブサマリーを用意しましょう。この要約は、報告書の内容を短く簡潔に表現したもので、長さは1ページを上限とし、主要な関係者に配布します。
- ▶ **プロセスの記述**。このセクションは、適切な背景情報と、目的、範囲、使用した手法、関係者を含む、ニーズ・アセスメント全体のプロセスを端的に記述します。この記述には、理論的根拠を必ず入れましょう。

- ▶ **調査結果の要約**。このセクションでは、事例や重要な結果を強調しながら、明確かつ簡潔にデータを示しましょう。
- ▶ **予備結論**。このセクションでは、表面化した主要な課題に焦点を当てながら、データの分析について述べます。その際、調査結果が、自身（または他者）の洞察や直観とどう関連しているか、または、自身（または他者）の洞察や直観をどう実証しているかを示すことが適当でしょう。また、それらの課題が事業ニーズとどう関連しているのかを指摘してください。
- ▶ **潜在的な障壁**。潜在的な障壁について率直に述べ、それを克服する方法を提言して、主体的にアプローチしましょう。多くのことが潜在的な障壁となりえますが、最も一般的なものは、おそらく、費用、時間の制約、対象者とその上司のコミットメントでしょう。

口頭でのプレゼンテーション

報告書に加えて、情報や提言をプレゼンテーションする計画を立てましょう。プレゼンテーションは、主要な関係者からの反応を得られる機会です。質問と異議に備え、それらの内容を予測し回答を事前に準備してください。プレゼンテーションは、自身のアイデアを売り込み、経営層のコミットメントとリーダーシップ開発プロセスへの支援を念押しするチャンスであると捉えましょう。そのために、みなさんは、他者を説得し、他者に影響を与えるスキルを磨く必要があるでしょう。

トップのコミットメント

効果的なリーダーシップ開発は、トップのコミットメントから始まります。経営層は、リーダーシップ開発に責任を負います。財務的支援だけでなく、活動への参加も含んだ、CEOや他の役員たちからの強力な支援は必須です。また、現場のマネジメントと組織内のその他のキープレーヤーたちを冒頭から巻き込むことで、プログラムの成功に必要な支援が得られます。その人た

ちは、自分たちの考えを初めからプログラムにインプットできるので、プログラムに対しオーナーシップをもってくれるでしょう。マネジャーとその上司たちに、自分たちの具体的なニーズに直接応えられる研修プログラムが開発されつつあるとわかってもらえれば、さらなるコミットメントが得られます。そうして承認を得られたら、研修プログラムの設計に入ります。

経営層のメンバーは、参加者としてだけでなく、講師陣としてプログラムに参加することが求められます（第5章で詳細を論じます）。役員がゲスト講師を務めることで、プログラムの信頼性が一段と高まります。経営層にとっても、講師を担当することは、自身のビジョンを参加者と共有すると同時に、参加者から学ぶ機会にもなります。さらに、組織のリーダーシップに関する共通言語の定着にもつながります。

> **考えるヒント**
>
> 講師陣として招へいしたい組織内のリーダーたちのリストをつくり始めましょう。その人たちのスキル、パーソナリティー、担当分野、そしてプログラムを売り込むうえで彼らが果たせる役割について検討しましょう。そして、1人ひとりと個別に会って、プログラムに対するインプットや支援、講師としての参加をお願いしましょう。

CEOとその直属部下である役員には、まず初めにプログラムに参加してもらいましょう。実際には、できればパイロットグループ（pilot group：試験的なグループ）に入ってもらい、もし必要なら、組織のビジョン、バリュー、戦略とプログラムとの整合性を確実にするために、プログラムに対する修正案を出してもらいましょう。プログラムに参加したCEOと役員は、部下がプログラムに参加する際に支援やコーチを行ったり、自らが学んだことを部下に対して活用したりできます。そして、経営層の参加は、結果として、このプログラムが重要であるという明確なメッセージを組織全体に発信することになります。

リーダーシップ開発プログラムの成功に向けて、（事業部長や部長といった）ラインの上級マネジャーは、自身の事業部門において、リーダー人材の継続的な開発に責任をもたなければなりません。実際には、部下の人材開発の結果を、上級マネジャーのボーナスに反映させるべきでしょう。上級マネジャーにコミットしてもらうその他の方法には、各事業部門の部門長によって構成されるアドバイザリーボードの組織があります。アドバイザリーボー

ドの仕事は、プログラムの進行状況の確認であり、その責任範囲は、プログラムのコンテンツと実施の質、戦略目標との整合性、プログラムに参加するハイポテンシャルなマネジャーの選定といったことの監督です。

プログラムの設計

フロントエンド分析が終わり、調査結果を報告して、経営層の支援を得られたら、核となるプログラムの設計に向けた準備が整います。

アプローチ

プログラムにおけるアプローチと手法は、プログラムの参加者によって様々に変わります。具体的なテーマは、フロントエンド分析で特定された、個人と組織、両者のニーズによって決められ、戦略計画と常に連動しています。アプローチと手法の詳細については、第5章から第7章で述べます。ここでは、多様な学習方法を使うこと、学習目標達成のための手法を選ぶことが大切です。具体的な手法（講義、ケーススタディ、グループディスカッションなど）に関わらず、プログラムの設計と選択の際には、アクティブ・トレーニング（active training：能動的な研修）の原理と実践に基づくことが必要となります。

成人学習、学習スタイル、学習者の性質に関するこれまでの知見に基づいて考えると、アクティブ・トレーニングは、集合研修を行うための最も効果的な手法といえます。研究によると、人は、学習プロセスに積極的に取り組んだ際に、概念をより深く理解し、情報を長く記憶にとどめるということが明らかになっています。

> **基本原則8**
> 人は、教えられることよりも、行動することによって学習する。

アクティブ・トレーニングのアプローチでは、トレーナーに、設計全体を考え抜くことが求められます。トレーナーは、学習活動がどのように展開されるのかを想定し、運営をこなし、参加者の反応を予測し、起こりうる問題を

特定することに時間をかける必要があります。このアクティブ・トレーニングは、「協調学習」という十分に調査、検証された学習アプローチによるものです。

協調学習

　協調学習は、（1）学習は、本来は能動的な努力によるものである（2）人はそれぞれ学び方が異なる、という2つの仮定に基づいています。

　協調学習は、単純に人をペアやグループにして作業やアサインメントに取り組ませるものではありません。学習経験を組み立ててアレンジする熟練したファシリテーターによって、入念に計画、編成されるアプローチです。参加者は、タスクを完成させ、グループのゴールを達成するために、互いに励まし、動機づけながら、協力してワークを行います。そのような状況を実現するために、トレーナーは、協調学習の活動全体で、オブザーバー、アドバイザー、コーチ、コンサルタントの機能を果たさなければなりません。

補足説明

過去125年にわたる研究では、協調学習は、個人単独の経験にくらべて、より高い達成、参加者間の建設的な関係、健全な適応を生み出すことが証明されています。

アクティブ・ラーニング

　アクティブ・ラーニング（アクティブ・トレーニングによる学習）の環境においては、インストラクショナル・デザイン（instructional design：研修設計の方法論／以降ID）は、参加者とトレーナーの両者にとって、インストラクションの効果を最大化するものでなければなりません。

　ご存知のとおり、効果的な学習経験には安全で前向きな環境が不可欠です。そのような環境設定は、身体的なセッティングから始まります。講師は、音楽やポスター、小道具を使い、学習経験に向けた気分や雰囲気をつくり出します。アイスブレイク[※1]やオープニングセッション、その他アクティブ・ラーニングのテクニックを使う研修のスタートは、参加者がコース内容に集中することを助け、参加者を即座に巻き込みます。参加者の興味をそそり、後に

続く学習の準備をさせるための優れた方法には、その他に、映像クリップを上映する、写真、品物、漫画を提示する、参加者にコメントを求める、などの導入テクニックがあります。

　身体的環境設定の必須項目の1つが座席配置です。講師は、理想とは異なる会場の広さや形状に幾度となく直面しますが、重要なのは、望ましいインタラクション（interaction：対話、相互作用）のタイプを決め、求める結果を達成する座席配置を行うことです。たとえば、U型の座席配置は、トレーナーが最小限のコントロールで、グループのインタラクションを促進するのに非常に効果的です。

　トレーナーが前向きな学習環境をつくり出す別の方法として、研修テーマに対して参加者が何を考え、感じているかについて、事前にヒアリングしておくという方法があります。こうして得た情報は、参加者個々人の差異と経験のレベルを考慮した学習活動の設計に利用できます。この方法は、参加者へのセッション前のアンケートや電話での質問を通じて実施できます。また、研修のオープニングに簡易的なアセスメントを行うことも、トレーナーが参加者の知識や態度、経験についてあらかじめ知っておくのに役立ちます。

作戦とテクニック

　以下に、成人の研修環境において、協調学習を成功させるための特徴的な作戦とテクニックを述べます。

　構造と組織。協調学習の特徴は、構造化されたラーニング・グループです。トレーナーは、参加者を特定のグループに分け、明確な指示と制限時間の下に具体的なアサインメントを与えます。これらのアサインメントでは、参加者はグループで作業を行うだけでなく、記録担当やタイムキーパー、発表担当などといった個別の役割も果たします。

　無理のないレベルの内容。協調学習のプログラムは、内容自体よりもプロセスに焦点を当てるため、プログラム設計者は、「知るとよいこと（nice to know)」と対比して、「知る必要があること（need to know）」を確定したうえでプログラムを組み立てる必要があります。プログラムの内容は、もはや、実態、日数、形式、定義に限定されません。それは、スキルと理解であると再定義され、したがって、学習における認知領域、情意領域、運動領域のバランスを押さえたものになっています。研修終了時に参加者が知る必要のあること、できるようになる必要のあることをはっきりと定義することによって、プログラムの内容を明確にし、適切な学習方法を選択しましょう。

高い参加度。協調学習におけるトレーナーの役割は、学習プロセスのマネジメントを主な職務とする「ファシリテーター」です。参加者は、研修当初から学習活動に能動的に取り組み、実践、ディスカッション、振り返りに継続的に関わります。

参加者の相互協力。協調学習の主要な目的の1つは、ラーニング・グループのメンバーの中に、協力関係をつくり出すことです。研修の効果を促すために、トレーナーは、グループメンバー全員に対し、アサインメントの内容をマスターし相互にその内容を教え合うことを求めます。

最小限の座学。講義は、重要な研修手法の1つですが、10〜15分の短い時間にとどめるべきです。1960年代に行われた調査によると、長く途切れのない講師主体の講話は、参加者の混乱や退屈、記憶の低下を引き起こします。しかし、座学であっても、参加者を受け身にさせず、理解と記憶の維持を促進する種々のインタラクティブ（interactive：双方向の）なテクニックを利用することにより、参加者を巻き込むことは可能です。

多彩な手法。「スモールグループ（small group：小集団）」とは、人数が7名ぐらいまでのグループを意味します。あらゆる場合において、スモールグループは効果的であり、アクティブ・ラーニングの全要素が盛り込まれているだけでなく、対人スキルの開発にも役立ちます。また、控えめなメンバーに対して、発言や質問についてリスクを感じさせない環境を提供します。

仲間同士の経験共有。成人学習理論の研究によると、成人は学習環境に豊かな経験と専門的知識をもたらします。グループ内で他者と経験を共有し、経験を使った学習を促進することは、トレーナーと参加者、両者にとって有益です。

反復するプロセス。トレーナーは、セッション全体を通じて学んだコンセプトとスキルを反復するような学習活動を用意します。このようにして、学習教材は復習され、参加者は教材を消化し、現状の理解や知識と統合する機会をより多くもつことができます。

学習の実務への応用。上記のような多くの手法を通じて、参加者は学んだ新たなコンセプトやスキルを実務で使えるようになります。トレーナーは、セッション内で扱う仮想または現実の問題に関して、参加者自身に事例を提供してもらうことがあります。加えて、セッション終了前に、参加者に実行計画を作成する機会を提供し、学んだことを現場で活用する方法を、明確にしてもらいます。

学習活動と教材のリソース

　学習内容を決め、参加者の理解を促す手法と教材についてアイデアが浮かんだら、次のステップでは、具体的な学習活動、体系化された学習経験、具体的な研修の補助教材について考えます。リーダーシップ開発研修プログラムの開発において、教材と学習活動は、既成のものを使うのか、それとも自前で作成したものを使うのか、決める必要があるでしょう。

　自前でアクティブ・トレーニングの学習活動を開発する予定でも、ビデオやアセスメント・ツールのような手法や教材は、社外のリソースから探す必要があります。また、特定の状況では、自分自身で講義する必要が出てくるかもしれません。参加者を一層能動的に巻き込むために、座学も含め、すでに確立されたインストラクション手法は、すべて自身で再設計できます。

　多くのトレーナー、特になりたての人や、時間や費用に制約がある人は、

自身の設計に既成の研修教材を組み込むことを選びます。一方で、優れたトレーナーの多くは、自前の開発と既成品の購入、カスタマイズ、調整を組み合わせます。

学習活動および教材のリソースの調査、または自前の開発を拙速に進める前に、その決定に影響するいくつかのキー・ファクターについて考える必要があります。

時間

コースまたはプログラム開発には時間がかかります。それも、長い時間です。学習活動、演習、アセスメントツール、ロールプレイ、ケーススタディを自前で考えるには、数時間、数日、いえ、数週間を要します。しかし、多くの人が驚くのは、自前でなくても、最適な学習活動を突き止めることや、所定の状況に最も適したビデオを探しあてることにさえも、非常に時間がかかるということです。

費用

費用も、学習活動と教材の決定において、重要な役割を果たします。自前の教材を開発すれば、自身と開発のサポートメンバーの時間当たりの賃金を考慮しなければなりません。たとえ販売されている教材の選択に時間を費やしたとしても、調査時間にかかった費用を検討する必要があります。そしてもちろん、販売されている教材を使えば、購入またはライセンス使用に関して費用が発生するので、その費用をプログラム実施の都度負担することになります。

質

教材と学習活動の質も重要です。質は、教材の実物の見栄え、コンテンツの信頼性、提供される中身の細かさとも関連するでしょう。

適合性

　学習活動や教材が、プログラムの目的に適しているかどうかは、最大の懸念事項でしょう。そこで、プログラムの参加者、テーマ、プログラム自体の目的を熟考する必要があります。あなたが提案する１つひとつの学習活動や教材は、目的にかなっているでしょうか？

経験と専門知識

　自分自身のスキルと能力も評価しなければいけません。もし、自前のロールプレイやケーススタディを開発したいのなら、自身の創造力と文章力のレベルを考慮しておく必要があります。つまり、学習活動と教材を自前で開発するにあたり、自身がこなせるレベル、スキル、経験を自分自身で判断しなければなりません。

スキルの応用

　アクティブ・トレーニングのアプローチの性質上、プログラム設計では、参加者に対し、身につけたスキルを実践し、そのスキルの実践についてフィードバックを受ける多くの機会を用意します。トレーナーは、参加者の実践を効果的にするため、研修セッションでのスキルの実践をコーチする必要があります。加えて、参加者には職場におけるスキルの応用が求められます。第３章で論じたように、スキルの応用は、複数のセッションを行うプログラムの終了時に、参加者に具体的なアサインメントを与えることで達成できます。

　リーダーの開発は、長期間にわたる取り組みであり、すぐに定着するものではありません。効果的なリーダーシップ開発プログラムは、イベントの連続ではなく、継続したプロセスとして設計され、より頻繁で継続的な学習経験を盛り込む必要があります。効果の高い統合的なリーダーシップ開発プログラムには、様々な個人、グループでの学習活動が組み込こまれています。この個人、グループでの学習活動については、第５章から第７章で、より詳

しく述べます。

実践に向けて

リーダーシップ開発の核となるコアプログラムを設計するために、まずプログラムで扱いたいテーマのリストアップから始めましょう。そして次に、学習内容を決めるために、そのテーマについて調べましょう。内容の要点を押さえたら、内容を伝える手法を考えましょう。

アクティブ・トレーニングプログラムの設計・開発方法についてのさらに詳細な情報は、カレン・ローソン（Karen Lawson）の『トレーナーズ・ハンドブック（The Trainer's Handbook)』(2006年）に記されています。

次章では、公式な社内グループでのプログラムを、リーダーシップ開発プログラム全体にどのように組み込むかについて学びましょう。

---

1. 参加者同士を打ち解けさせ、リラックスした場の雰囲気をつくり出す目的で、研修の導入部分や途中で行う自己紹介やクイズ、ゲームなどの活動

第5章

公式な社内グループでのプログラム

この章の内容
ここでは、以下の事柄を学びます。
▶ コーポレート・ユニバーシティ（企業内大学）
▶ 外部コンサルタントの選び方
▶ アクション・ラーニング
▶ グループ・メンタリングの方法
▶ ビジネス・シミュレーションの利用

　社内の公式なグループでのプログラムは、企業内スタッフによって設計、開発されるグループでの学習活動およびプログラムであり、選抜されたリーダーとハイポテンシャル人材が参加します。これらのプログラムには、セミナー、グループのプロジェクト、メンタリング・プログラム、ビジネス・シミュレーションなどが含まれます。企業で実施されるリーダーシップ開発プログラムとその取り組みの多くは、一般的なコンセプトとなりつつある「コーポレート・ユニバーシティ（企業内大学）」を通じて行われます。

コーポレート・ユニバーシティ

　コーポレート・ユニバーシティは、もはや、マクドナルド社（McDonald's）、

モトローラ社（Motorola）、ゼネラル・エレクトリック社（GE）、ディズニー社（Disney）のような大企業だけのものではありません。中小企業も、コーポレート・ユニバーシティ・モデルのコンセプトや実践内容を導入したり、自社のプログラムに適用したりしています。学位を授与する教育機関である本来のユニバーシティ（大学）とは異なり、コーポレート・ユニバーシティは多くの場合、社員に対し、自社独自の研修や業務研修を提供しています。そして、コーポレート・ユニバーシティのアプローチは、全社の戦略計画に、より体系的、組織的に組み込まれる傾向にあります。コーポレート・ユニバーシティ・モデルの評価は高まり続けているので、本章では、現在および将来の組織リーダーの育成におけるこのモデルの役割に関して述べます。

　従来の大学（または大学との連携）と同様に、コーポレート・ユニバーシティは、従来のフェイス・トゥー・フェイス形式、またはオンラインでのコースを提供します。コーポレート・ユニバーシティは、一般的にリーダーシップ・コース、セールス・コース、オペレーショナル・エフェクティブネス・コース、ビジネススキル・コース、顧客サービス・コースといったいくつかの単科で構成されています。コーポレート・ユニバーシティは、形式化された構造になっているため、標準化された包括的なリーダーシップ開発カリキュラムを開発することができます。そのうえ、学習プロセスに対しては、経営層が深く関与し、講師としてもたびたび登場して、ハイポテンシャル人材とのインタラクションを促進します。また、経営層は、企業の主要課題を定め、競争優位を保つためにリーダーに求められる知識とコンピテンシーを決めることにも携わります。

　このような「リーダーズ・アズ・ティーチャーズ（Leaders as teachers：教師としてのリーダー）」コンセプトの非常に優れた1つの事例が、医療技術のグローバル企業であるベクトン・ディッキンソン社（Becton, Dickinson, & Co.）における事例です。ベクトン・ディッキンソンでは、タレントマネジメントのバイス・プレジデントであり最高人材育成責任者（Chief Learning Officer／以降CLO）であるエドワード・ベトフ（Edward Betof）により、2000年から「リーダーズ・アズ・ティーチャーズ」が導入されました。ベトフは現在、CLOや人材育成リーダー向けに初めて設立されたペンシルバニア大学（University of Pennsylvania）のワーク・ベース

ド・ラーニング・リーダーシップ（work-based learning leadership）に関するエグゼクティブ向けのプログラムで、上級フェローとアカデミック・ディレクターを務めており、インタビューで、「コーポレート・ユニバーシティの成功は、企業の戦略、目的、バリューとの整合性に左右されます。CLO は、自社のあり方と目指す方向性について、しっかりと耳を澄まして聴いておくべきです」と語っています。

組織のリーダーたちを教師として直接巻き込めば、組織の現在と将来のリーダーシップニーズと、コースの講義科目や内容を、さらに直接的に関連づけることができます。「リーダーズ・アズ・ティーチャーズ」プログラムは、教師である組織のリーダーと参加者が、相互に学習する経験です。参加者は、一層個人的なレベルで組織のリーダーたちと相互交流できます。そして、組織のリーダーは、参加者をもっとよく知り、その人たちのリーダーシップのポテンシャルについて、より優れた洞察を得られます。そのうえ、教師の役割を担うことによって、日々の任務で求められるレベルをはるかにしのぐティーチング、ファシリテーション、コーチング、メンタリングのスキルを開発できます。また、教える準備の際には、ビジネスの様々な分野に関してさらなる知識を得られ、異なる状況や場所で働く他のリーダーたちと交流することもできます。ただし、インストラクションの質を確保するためには、企業内講師全員がトレーナー養成プログラムに参加すべきであり、さらに、継続的に評価を受ける必要があるでしょう。

コーポレート・ユニバーシティは、通常、社外のリーダーシップ開発プログラムに比べ、費用対効果が高くなります。設立には時間と費用がかかりますが、長期的な利益から考えると、投資するだけの価値があります。コーポレート・ユニバーシティでは、社員を講師にし、社内でプログラムの設計や開発を行い、自社の会議室を使用するなど、すべてを内製化するため、費用を節約できます。その他に無形の効用として、共同体意識の醸成、非公式なメンタリング関係の形成、強力な個人的、専門的ネットワークの構築が挙げられます。

> **補足説明**
> リーダーは、**数多くの教える機会から**、参加者と同等またはそれ以上のことを習得できます。

セミナーとゲストスピーカー

　多くの組織で行われるリーダーシップ開発研修の基本的な形式は、これまで、また、今後においても、社内講師または社外のコンサルティング会社によって実施される企業内セミナーでしょう。社内と社外のどちらを用いるかは、専門性のレベルや社内教育部門の稼働状況、費用や時間の制約など、多くの要件に応じて決められます。誰がプログラムを設計、あるいは実施するかにかかわらず、プログラムは、経営理念、求められるリーダーシップ・コンピテンシー、リーダーシップの実践を反映しなくてはなりません。具体的なモジュールは第4章で論じたニーズ・アセスメントの過程で明確になりますが、核となるリーダーシップ・コンピテンシーは、次に挙げるプログラムのテーマの中で扱います。ただし、これはプログラムに組み込む可能性のあるテーマの一例ですので、具体的なプログラムのテーマは、ニーズ・アセスメントの結果に基づいて決めます。

リーダーシップの理解
　▶ リーダーシップとは
　▶ 優れたリーダーの質と特徴
　▶ リーダーシップのスタイル

コミュニケーションと影響
　▶ 傾聴
　▶ 非言語コミュニケーション
　▶ メッセージの伝え方
　▶ 相手にコミュニケーションスタイルを合わせる
　▶ eメールの効果的な使い方

動機づけと社員のリテンション
　▶ 現状の社員に対する理解
　▶ 世代を超えたマネジメント
　▶ 働く環境づくり

変革のリード
- ▶ 変革の本質
- ▶ 変革への反応
- ▶ 変革マネジメントの戦略
- ▶ 変革への抵抗を乗り越える

対立への対処
- ▶ 対立の兆候と原因
- ▶ 対立の予防
- ▶ 相反する価値観によって起こる対立への対処
- ▶ 対立の解消

権限委譲
- ▶ 権限委譲の機会
- ▶ 責任をもって権限を委譲する
- ▶ 権限委譲のプロセス

コーチング
- ▶ コーチングとカウンセリングの対比
- ▶ コーチングの障壁
- ▶ コーチングのプロセス
- ▶ 優れたコーチの特徴
- ▶ コーチングの落とし穴

業績管理
- ▶ 明確な基準と期待の設定
- ▶ フィードバックの仕方
- ▶ 責任感をもたせる
- ▶ 遠隔からの管理
- ▶ 業績の評価

効果的なミーティングの実施
- ▶ 時間通りの的確なミーティング実施
- ▶ グループ・プロセス[※1]の理解
- ▶ テレビ会議、ビデオ会議の開催

社員の人材開発
- ▶ 新入社員の受け入れ、オリエンテーション
- ▶ メンタリング
- ▶ 教育訓練
- ▶ キャリア・プランニング

優先順位の管理とストレス・マネジメント
- ▶ 時間管理と自分自身のマネジメント
- ▶ ストレスの兆候と原因の認識
- ▶ 他者のストレス・マネジメントの支援
- ▶ ワーク・ライフ・バランスの維持

　セッションの長さと回数は、プログラム全体の要件と仕様次第でしょう。理想では、これらのモジュールのそれぞれが、最も効果的なアクティブ・トレーニング形式の丸1日のセッションで実施されるべきです。しかし、現実には、研修の設計と実施に要する時間について、他者がたびたび横やりを入れてきます。特に、能動的、経験的アプローチの研修と、座学主体で講師中心の研修との違いを理解していない人は、2時間区切りの時間割の中で内容をカバーするように要求してくるかもしれません。そのような状況で学習担当部門のリーダーにとって極めて重要なのは、研修の目的と求められる成果を何より明確にすることです。そして、その目的と成果に沿って、所定の時間内で達成可能、または不可能な内容を現実的に考えていきます。もし組織が、リーダーシップスキル開発と行動の変化にコミットしているのであれば、それを起こすのに十分な時間を割り当てるべきなのです。

外部コンサルタント

　人事部門や研修部門の縮小のため、より多くの組織が外部のサービス事業者を探しています。しかも、企業の引き締めにより、多くのサービス事業者が市場で競争する結果となっています。たくさんの外部リソースが利用可能な中、目指す研修プログラムに沿って、どのように適切なコンサルタントを選べばよいのでしょうか？　外部のコンサルタント選定を任された担当者は、多くの場合、どこから探し始めたらよいのかがわかっていません。

　以下の情報源は、外部リソースの候補を選ぶ際に、時間と費用の節約に役立ちます。

- ▶ 組織内部の情報源（マネジャーや他の人事、人材育成専門職たち）
- ▶ 同じ職務を担当している他社の社員
- ▶ 専門職の組織と団体
- ▶ 以前に社内でのサービス実績があるコンサルタント
- ▶ 業界の刊行物

　見込みのありそうな研修コンサルタントを見つけ、そのリストを絞り込んだら、次に、対象の組織やプロジェクトに最も合う人を選びます。正しい選択をするために、以下のチェックリストを参考にしてください。

- ▶ 当業界での経験
- ▶ 研修のテーマについての知識と経験
- ▶ 事業経験の年数
- ▶ 当業界の業界知識
- ▶ 当社についての知識
- ▶ 人的資源開発の分野における知識と経験
- ▶ これまでの実績
- ▶ 教材の質
- ▶ イメージ、プロ意識
- ▶ 専門職組織との関わり

- ▶ 代表的なクライアント
- ▶ 出版物
- ▶ 本拠地の所在地
- ▶ 利用可能なリソース
- ▶ アプローチ手法、仕事の哲学
- ▶ 料金
- ▶ ニーズ見極めの能力
- ▶ 対応の柔軟性
- ▶ コミットメントのレベル

　入手したコンサルタントの資料を慎重に検討して、候補者の評価に取りかかりましょう。ただし、その資料は営業用であることに気をつけてください。
　見込みのありそうなサービス事業者にインタビューする際は、求める基準をそのコンサルタントが満たしているかどうかを見極めるために、行動特性インタビュー[※2]のスキルとオープン・クエスチョンを使いましょう。たとえば、コンサルタントの過去の実績について知りたいなら、「最も成功した、クライアントとの経験を話してください」と尋ねるのがよいでしょう。その他の掘り下げ型の質問には、以下のようなものがあります。

- ▶ クライアントとコンサルタントの関係で、最も重要な側面は何だと思いますか？
- ▶ 私たちの組織について、どのようなことを知っていますか？
- ▶ あなたと他のコンサルタントとは、何が異なりますか？
- ▶ この仕事にどのくらいの期間、従事していますか？
- ▶ あなたがこれまで経験した中で、最も難しかったコンサルティング・プロジェクトはどのようなものでしたか？
- ▶ あなたの組織の大きさはどのくらいですか？

　研修は一貫したプロセスであり、イベントの寄せ集めではないので、現場での応用の機会がプログラムに組み込まれていることが重要です。クラスルー

ムから職場への学習の転移を確実にするために、参加者には、個々のセッション終了時に自身のアクションプランを作成し、仕事に戻った際にそのプランを実践する責任をもたせる必要があります。さらに、セッションとセッションの間にはアサインメントが与えられるべきです。これらのアサインメントは、セッションのテーマと直接関連し、それぞれのセッションで扱ったスキルと方法が実践的に応用できるものにしましょう。

アクション・ラーニング

　アクション・ラーニングは、（1）現実の経営課題を取り扱い、（2）重要で難易度が高く、有用な学習経験によって個人の能力を開発する、という等しく重要な2つの目的を伴う、実務におけるリアルタイムの学習経験です。とりわけ有意義なのは、多様な機能部門やグループ、プロセスから人材が集められたアクション・ラーニングです。その人材がグループとして、組織課題の解決を目指して現実の課題に取り組むため、経営のニーズに応えることができます。

　アクション・ラーニングにおける学習経験の中心は、課題やプロジェクトです。参加者は課題解決を試みることで学習し、取り組みの間の自分たちの意思決定や行動について内省します。アクション・ラーニングのグループは、一般的に、多様なバックグラウンドや職種のメンバー4～8名で構成されます。このグループでのミーティング（クラスルーム環境外で実施）は、メンバーにプロジェクトの持続を働きかける役割を果たします。

アクション・ラーニングのプロジェクト

　アクション・ラーニングの参加者は、チームワーク、問題解決、コミュニケーション、目標の設定、他者への影響力、コーチングといったリーダーシップスキルの開発と実践が組み込まれているプロセスに関わります。また、アクション・ラーニングは、それぞれの参加者が、ファシリテーションとプレゼンテーションの両方のスキルを磨く機会でもあります。

アクション・ラーニングの重要な要素は、ラーニング・グループがあること、現実の課題解決策を実行する義務があること、グループと参加者個人が課題に対して責任をもつこと、そして、経験を通じた学習をすることです。

　アクション・ラーニングのゴールは、実際に課題を解決したり、解決へ取り組みながら、社員のリーダーシップ開発を促進したりすることです。アクション・ラーニングは、実践を通じた学習のパワーを見せつけてくれます。このプロジェクトは、組織内の現実のリーダーシップの課題に基づいた学習であり、中でも組織の多くの部門に関係する複雑な問題に焦点が当てられます。さらに、アクション・ラーニングは、参加者に対し、自分自身の価値観や信念に対する気づきを迫り、参加者は目の前の現実に自分を重ねることを求められます。この活動によって、参加者の自己認識と組織を動かすために必要なリーダーシップスキルが結びつけられます。そのうえ、経営層が参加者をコーチする機会も提供します。

　アクション・ラーニングでは、チームメンバーが課題を調査し、課題解決の行動計画を策定、実行します。プロジェクトは、その内容次第で2〜3週間のものから、1年続くものもあります。以下に、アクション・ラーニングのグループが実施可能な様々なプロジェクトのテーマを紹介します。

- ▶ 生産性の向上
- ▶ サクセッション・プランニング
- ▶ 様々なプロセス、またはシステムの改善
- ▶ 業績のベンチマーク指標の開発
- ▶ 戦略計画の策定
- ▶ 顧客収益性の管理システムの開発
- ▶ 売上の向上
- ▶ コーポレート・コミュニケーションの改善
- ▶ メンタリング・プログラムの設計
- ▶ 健康増進プログラムの開発
- ▶ 社員報奨・表彰プログラムの設計

アクション・ラーニングの効果

　アクション・ラーニングは、非常に効果的なリーダーシップ開発手法です。この手法は能動的な学習プロセスなので、個人の学習は加速し、自身が得た知識とスキルを直ちに仕事に応用できるようになります。アクション・ラーニングのプロジェクトは、参加者にとって、以下のような効果をもたらします。

- ▶ 質問スキル、問題解決スキルに加えて、クリティカル・シンキングのスキルを高められる
- ▶ 効果的なチームメンバーとなる方法を学ぶことができる
- ▶ 組織の人材、製品、プロセスについて、さらなる知識を獲得できる
- ▶ プレゼンテーション・スキル、ファシリテーション・スキルを高められる
- ▶ フィードバックの与え方と受け方を含むコミュニケーション・スキルを向上させることができる
- ▶ 組織内の他の社員とのネットワークや関係を構築できる
- ▶ 新しい物事の見方を習得する
- ▶ 新しい問題解決のアプローチを学ぶことができる

基本原則9

人は、学習と現実の生活との関連性を見出した時に動機づけられ、学習したことを最大限の速さで応用することができる。

グループ・メンタリング

　メンタリングは、ガイダンスの提供、仕事の指導、キャリアへのアドバイスに焦点を当てたプロセスです。グループ・メンタリングでは、4～6名の成績優秀なプロテジェ（メンタリングの受け手）から成るグループに対し、経営リーダーが、グループメンターとして自身の知識を率先して共有します。グループメンターは、グループ学習のリーダーおよびグループの成長に向けたファシリテーターを務めます。また、グループがアジェンダを設定する責任をもち、グループを援助する役割を果たします。グループのメンバーは慎

重に選抜し、その職位や機能、人種、性別、キャリアゴールに多様性をもたせるべきです（ケイとスキーフ＜Kaye and Scheef＞、2000年）。受け手のグループは、月1回、2～3時間集まり、メンターと共に自分たちで抽出した問題や懸念事項を掘り下げます。グループメンターは、受け手が従来の自分たちの考え方を疑い、様々な選択肢を考察するように促すことで、受け手のクリティカル・シンキングや戦略的な思考を高めます。メンターにとって重要な言葉は、「考えること」です。つまり、受け手の考えに反対意見を述べ、真剣に考えさせるのがメンターの仕事なのです。さらに、メンターは、受け手が自分たちで提起した問題について、自分たちなりの答えや解決策にたどり着くプロセスをファシリテートします。

メンターは、受け手を支援する存在として、受け手に記事や本を読むことを勧めます。ミーティングでそれを題材に討論してもよいでしょう。また、メンタリングのテーマに関連する自身の経験を共有したり、受け手同士で経験を分かち合うよう奨励したりすることもできます。

考えるヒント

メンタリングに対する組織のサポートを確立するために、様々な階層のリーダーたちにインタビューし、その人たちの受け手としてのメンタリング経験について尋ねてみましょう。「これまでにメンターをもったことがありますか？」「キャリア開発において、メンターはあなたをどのように支援してくれましたか？」といった質問をしてみます。インタビューの回答を集め、社内マーケティングを行ったり、メンターおよび受け手の研修に組み入れたりして活用しましょう。

ラーニング・チーム

ラーニング・チームは、個人が、共通して関心をもっている特定分野に焦点を当て、定期的に（たとえば月1回）集まるグループです。その目的は、個人の成長と学習を支援することです。ラーニング・チームは、非公式に、ランチタイムや早朝など参加しやすい時間に集まることが多く、ファシリテーターについては、メンバー全員で選んだ特定のファシリテーターを置くか、グループ内のメンバーが持ち回りで担当します。この形式は、部下の管理、新技術の学習、スピーチなどのスキルの開発、ベストプラクティスの共有など、自身が直面している問題点や課題に取り組みたいと思っているリー

ダーにとって、特に有効かもしれません。また、ラーニング・チームでは、公式の研修がカバーしない特別な分野の知識やスキルを高めるために、社内外のゲストスピーカーを頻繁に招きます。この活動では、「ビジネスとベーグル（Business and Bagels）」や「ランチと学び（Lunch and Learn）」といった興味と関心を引くタイトルの提案も必要かもしれません。

ビジネス・シミュレーション

　ここでいう「シミュレーション」とは、現実の職場の問題を模した長文のケースシナリオのことです。設計は複雑で、参加者は数多くのポイントで意思決定をたびたび求められます。最もよく知られているシミュレーションは、コンセンサス・シーキング・サバイバル・シミュレーション（consensus-seeking survival simulation：合意形成ゲーム）であり、チームワーク関連のセッションで使用されています。

　シミュレーションは、参加者が単に体験すればよいものではありません。シミュレーションが成功するには、次のような要件があります（ビルハード＜ Billhardt ＞、2008 年）。

1. 組織には、求められる行動で表現され、明確に定義されたリーダーシップ・コンピテンシーが必要です。また、これらのコンピテンシーは、組織の文化、ミッション、ビジョン、戦略を反映していなければいけません。
2. 参加者は、シミュレーションの経験に向けた準備が必要です。学習活動の取り組みに先駆けて、リーダーたちには自己認識と自身の強み、そして、開発点に対する洞察のプロセスを経ることが求められます。つまり、その人たちは、自身が改善する必要のあるコンピテンシーを明確に理解しなければならないのです。この準備は、自己アセスメントとそのフィードバックを利用することで実現できます。
3. シミュレーションは、すべての参加者が現実の困難な状況を経験できるように、注意深く設計されていることが必要です。ただし、模擬的な状

況であるため、現実の世界で、失敗することなしに新たな行動を実践してみることができます。
4. シミュレーションでの学習経験を、適切なフィードバックとフォローアップによって強化します。参加者は、コーチングやメンタリング、その他の学習活動を組み込んだ、シミュレーションの体験後、数週間から数カ月にわたる期間の行動計画の作成をもって、シミュレーションを終えるべきです。

次に、リーダーのために役立つ2つのタイプのシミュレーションを紹介します。

筆記式シミュレーション

ビジネス・シミュレーションはこの分類に入ります。一般的に、ビジネス・シミュレーションは経営または財務の領域に関連し、これらの領域における問題解決、権限委譲、コーチングとカウンセリング、またはプランニングといった具体的なスキルを扱います。ビジネスゲームは、サバイバル・シミュレーションとは異なり、実際のマネジメントの状況を用いて参加者の知識とスキルを試します。

サバイバル・シミュレーションとビジネス・シミュレーションは、一般的に時間が長く、完了するには1〜3時間を要します。この手法は、分析思考、職務スキル、人間関係スキルに焦点を当てた優れたものであり、参加者が、他者とのインタラクションにおける自身の行動について、気づきを得ることを助けます。

コンピュータ式シミュレーション

コンピュータ式シミュレーションは、研修プログラムに組み込まれ、ますます利用されています。コンピュータ式リーダーシップ・シミュレーションは、意思決定、対立への対処、人事問題の処理、複合的な業務の優先順位付けなど、リーダーが実際に経験する状況を再現するように設計されています。

シミュレーションの利用（2〜3時間から2〜3日間での実施）は、行動変革とコンピテンシー開発において、従来の学習手法にくらべて一段と効果的です。なぜなら、参加者は現実に近い、難しい状況でリーダーシップスキルを実践しながら、ファシリテーターや仲間から即座にフィードバックをもらえるからです。

遠隔学習とコーチング

遠隔学習とは、講師と参加者が、1カ所あるいは数カ所から、ビデオやオーディオ接続でインタラクションするバーチャルなクラスルームを指します。以前にも増して多くの組織が、遠隔学習をクラスルーム主体のコースに追加したり、コースそのものを遠隔学習に切り替えたりしています。リーダーシップ開発の研修においては、遠隔学習は、フェイス・トゥー・フェイスのインタラクションに比べると、多くの非言語的な合図やニュアンスが失われてしまうため、効果が下がります。しかし、直接に接することで得られる効果については、参加者のいる各会場にトレーニングを受けたファシリテーターを配置することで埋め合わせできます。オンサイト（現場）のファシリテーターは、その場で参加者のディスカッションを促進し、オフサイト（バーチャル）のファシリテーターが始めたグループでの学習活動に参加者を引き込む役目を担います。遠隔学習を利用するのなら、ビデオやオーディオを使う前に、全参加者を1〜2日のフェイス・トゥー・フェイスの交流会に集めましょう。参加者同士が知り合うことで、次第に学習プロセスの質が高まるでしょう。

オンサイトのファシリテーターは、研修セッションの合間にコーチングを実施します。研修セッションの目的は、前に行ったセッションで学習した内容を現場で応用した時に難しかったことについて、参加者に話し合わせることです。セッションの長さと頻度は、グループのニーズや求められる成果によって様々です。

実践に向けて

みなさんの組織に適用できそうな、社内の公式のグループ研修とリーダーシップ開発の学習経験のリストをつくりましょう。そして、それぞれの項目をいつ頃実行するのか、タイムラインを伴った計画を策定しましょう。実行にかかる時間は、現実的に見積もってください。

次章では、リーダーシップ開発プログラムに組み込むことができる、個人の開発活動について学びます。

---

1. チーム・ビルディングにおいて、メンバーがバラバラの状態から、チームとして効果的に機能する状態に至るまでにグループがたどる変化のプロセス
2. 過去の具体的な行動を質問で掘り下げることにより、その人の行動・思考パターンの特性を明らかにするインタビュー手法

第6章

個人のリーダーシップ開発活動

> **この章の内容**
> ここでは、以下の事柄を学びます。
> ▶ エグゼクティブ・コーチング
> ▶ メンタリング・プログラムの要素
> ▶ 特別なアサインメントの活用方法
> ▶ ネットワーキングによるリーダーシップ開発の促進
> ▶ 遠隔学習の利用方法

　組織では、グループでの学習経験に加えて（または学習経験に代えて）、個人のリーダーシップ開発活動の骨組みをつくります。個人の開発活動は、リーダーシップ開発プログラム全体に組み込まれ、個々の人材の具体的な開発ニーズに見合うことが必要です。シンプルなものから複雑なもの、短期間から長期間、低コストから高額のものまで、利用できる学習活動は数多くあります。

エグゼクティブ・コーチング

　最もポピュラーで効果的な個人の学習活動は、エグゼクティブ・コーチングです。エグゼクティブ・コーチングは、役員やマネジャーが、優れた能力

と自信を身につけて、業績向上への壁を乗り越えることによって、マネジメントスキルと対人スキルを改善、向上することをコーチが支援するワン・トゥー・ワンの協働的なプロセスです。コーチングは、クライアント（コーチングを受ける側）の強みを確立し、ネガティブな状況をリフレーミング[※1]します。それによって、クライアントは自己限定的な思考や振る舞いを取り払い、ハイポテンシャルで成績優秀な、望ましい人材になります。

コーチは何をするのか？

コーチは、心理療法士でも、カウンセラー、メンター、コンサルタントでもありません。コーチは、疑問を投げかけ、傾聴し、客観的な立場を保ち、励まし、支援し、機密を守ります。クライアントの次の行為を支援するのがコーチの仕事です。

- ▶ 現在と未来に焦点を当てる
- ▶ ゴール、夢、情熱、ビジョンを定義する
- ▶ 学習と成長に向けて強みと成長機会を定める
- ▶ 具体的で測定可能なゴールを設ける
- ▶ 求められる結果を出すための行動計画を立て、実行する

コーチは、クライアントを、自己発見と自発的な問題解決の過程へと導きます。さらに、クライアントが全力で目標を達成するように、責任をもってサポートします。セッションは、対面または電話で、コーチ、クライアント双方の都合の合う時間に実施します。

コーチングのタイプ

エグゼクティブ・コーチングには、コンテント・コーチング（content coaching）とディベロップメント・コーチングという2つの主なカテゴリーがあります。

コンテント・コーチング

コンテント・コーチングは特定分野の知識やスキルをクライアントに提供するもので、その分野の専門家が行います。たとえば、リーダーがプレゼテーション・スキルの向上を必要とする場合は、その分野の専門家を招き、ワン・トゥー・ワンでスキル向上に取り組みます。リーダーが、ある特定の業界の事業分野について、さらなる知識を求める場合もあります。開業の方法を知りたい医者、事業開発の支援を必要とする弁護士は、その一例です。コーチングプロセスの基本は、具体的なスケジュールと成果を達成するための学習活動を組み込んだ学習計画を立てることです。学習活動には、課題図書（読了後、コーチへ報告して内容の理解を深めます）、ロールプレイ、コーチング・セッションの合間の実践的なアサインメントが含まれます。

ディベロップメント・コーチング

ディベロップメント・コーチングは、リーダーが、組織のリーダーシップバリュー、リーダーシップ・フィロソフィーを支えるスキル、知識、意識を高めるのに役立ちます。ディベロップメント・コーチングの最終的なゴールは、クライアントが、より効果的に他者との関係を築き、インタラクションするようになることです。コーチングの過程では、他者とのインタラクションにマイナスの影響を及ぼしている行動を見つけ、今後の行動計画を立てたうえで、行動変革に向けたコーチングを行います。以下に、ディベロップメント・コーチングのプロセスの概要を紹介します。

情報収集。コーチは、コーチングのきっかけとなった状況や問題点を洞察するために、クライアント候補者の上司と面談します。上司とのディスカッションでは、クライアント候補者が働いている背景状況と環境、仕事で関わっている人々にも焦点を当てます。

クライアント候補者との面談。コーチは、クライアント候補者と会い、コーチングプロセスの概要を説明し、コーチングの必要性を生み出している状況について話し合います。このセッションでは、自分が置かれている状況に対する候補者の認識や行動変革へのコミットメントについて、両者でディ

スカッションします。また、候補者には、基本的な背景情報を質問票に記入してもらいます。

主要な人物へのインタビュー。コーチは、次の情報を提供してくれる組織内の主要な人物と面談します。

- ▶ 候補者の経歴
- ▶ 候補者の優れた業績
- ▶ 候補者の効果的でない言動
- ▶ 候補者の現在の職責に対する理解
- ▶ 候補者が高く評価されている理由
- ▶ コーチングで期待する具体的な成果
- ▶ 組織文化
- ▶ 組織のバリュー

クライアント候補者のアセスメント。コーチは、インタビュー、質問票の回答、クライアント候補者および上司との面談から得た情報に基づいて、候補者の行動変革への取り組みを助けるアセスメントツールを選びます。候補者は自己アセスメントを実施し、コーチは、フィードバック用の資料を適切な人たちに配布して、周囲からのインプットを集めます。すべてのアセスメントとフィードバック資料は、匿名性と機密性の保持のため、実施後コーチの元へ直接送られます。

データの分析。コーチは、クライアント候補者と周囲の人から得た全情報をレビューします。このレビューによって、候補者のポジティブな行動と変革が必要な行動のパターンを特定します。そして、候補者、上司、人事担当役員と、レビュー結果を共有する準備を行います。

行動計画の作成。コーチは、分析結果の共有のために、クライアント候補者の上司、人事担当役員と面談します。次に、候補者に対してアセスメント結果を共有し、強みである行動と変革が求められる行動についてフィードバ

ックします。その際、候補者は、フィードバックに対する印象を共有するよう促されます。その後、コーチと候補者は、改善に向けた行動計画とコーチング・セッションのスケジュールを一緒に立てます。このミーティング後、コーチは再び候補者の上司と人事担当役員に会い、候補者とのセッションの結果について話し合います。

コーチング。個々のコーチング・セッションは平均で60分間から90分間行われます。セッションは、対面もしくは電話で実施します。コーチと候補者は、共に行動計画と行動変革の進捗をチャートにしてコーチングを進めます。

メンタリング

メンタリングは、リーダーが政治的手腕を身につけ、組織についての幅広い知識や組織内における自分自身の認知度を向上させる手段として、リーダーシップ開発の中で徐々に重要な要素となっています。第5章で論じたグループ・メンタリングのケースのように、ワン・トゥー・ワンのメンタリングは、対面もしくは電話、eメール、ビデオ会議（またはこれらの複数の組み合わせ）で実施できます。メンタリングの伝統的なアプローチでは、メンターとプロテジェ（メンタリングの受け手）の関係は師匠と弟子に似たものでしたが、最近は、受け手のリーダーシップ開発のゴール達成に向けて、メンターと受け手がパートナーとなって取り組む協働的な関係に変わっています。

メンタリング・プログラムは、公式（企業主催）または非公式（指針をほとんど設けず自発的に実施）のいずれかの形式で行われます。実は、過去の典型的な方法では、メンターがメンタリングの受け手を選び、自身のポジションの後継者として傘下に入れました。しかし、今日では、組織がメンターと受け手をマッチングさせ、メンタリングのプロセスを規定する、より構造的な方法がとられています。将来のリーダーの育成にとって、このような公式の方法は一層効果的です。

メンターとは何か?

メンターは、信頼のおけるアドバイザー、コーチ、教師、ロールモデル（role model：手本となる人物）、スポンサーとして、経験の浅い者と関係を築き、保ちます。また、メンタリングの受け手を企業内で推してくれるエージェント、擁護者としても動きます。受け手が企業のしくみになじみ、組織文化の素晴らしい点を学ぶことを助けるのもメンターの仕事です。さらに、受け手のプロフェッショナルとしての成長に向けて、支援と専門知識を提供します。

メンターは何をするのか?

より具体的に、メンターは以下の役割と機能を果たします。

- ▶ 受け手に模範を示す、良いロールモデルとして振る舞う
- ▶ 受け手が組織の文化、方針、手順を理解できるように手助けをする
- ▶ 受け手のさらなる成長と開発のために、企業の情報を提供し、支援する
- ▶ 受け手の長期的、短期的キャリアゴールの設定を支援する
- ▶ 受け手の仕事ぶりを非公式にアセスメントし、強化させる
- ▶ 受け手が障害を乗り越える方策を提供する
- ▶ 受け手の組織内外における仕事のネットワークと情報源を広げる
- ▶ 受け手にキャリア向上に関する知識を授ける
- ▶ 受け手の社内における擁護者として行動する
- ▶ 受け手が自発的に仕事に取り組み、プロフェッショナルとしての能力を開発するように動機づける
- ▶ 受け手の仕事やキャリアに関する課題の解決を手助けする
- ▶ 受け手に組織の動きに関する内情を教える
- ▶ 受け手の自信を高める
- ▶ 受け手に建設的なフィードバックを与える

第6章　個人のリーダーシップ開発活動

選抜のプロセス

　メンタリングの受け手とメンターは、自由な意思のもとにプログラムへ参加すべきです。受け手の上司はメンターにならないようにしてください。重要なのは、両者の率直なコミュニケーションであり、その関係性には、お互いへの信頼、オープンさ、責任が求められます。体系的なメンタリング・プログラムのプロセスには、具体的なメンターと受け手の選抜基準と運用を組み入れる必要があります。そして、メンターには、最低でも以下のような資質や特性をもっていることが求められます。

- ▶ 優れた対人コミュニケーション・スキルをもつ
- ▶ 会社を大切にしている
- ▶ 良きロールモデルである
- ▶ コーチングとフィードバックができる
- ▶ 受け手のニーズに対し、感度が高い
- ▶ 他者の支援や能力開発に関心がある
- ▶ 組織のダイナミズムを理解できる
- ▶ 自身の経験の共有に対し、オープンで積極的である
- ▶ 連絡が取りやすい

　同様に、メンタリングの受け手は次のスキル・特性をもつことが必要です。

- ▶ 学習意欲がある
- ▶ 進んでフィードバックを受ける
- ▶ 内省する能力をもつ
- ▶ 新しいアイデアに対しオープンである
- ▶ 自身のキャリアの成長や開発に対してコミットメントをもっている

　もちろん、この他に、求められるリーダーシップ・コンピテンシーや企業戦略の方向性と結びつくスキルや特性を上記の項目に付け加えても構いません。大事なのは、すべての人がメンタリング・プログラム実施について、そ

の理由と期待を明確に理解することです。

メンターと受け手の研修

メンターとメンタリングの受け手には、メンタリングプロセスそのものへの理解と関係性構築の手法に関する研修が必要です。研修には以下のテーマを入れます。

- ▶ 効果的なメンタリング関係の要素を定義する
- ▶ 潜在的な落とし穴を探る
- ▶ ゴールと目標の設定
- ▶ グラウンドルール[※2]の設定
- ▶ コミュニケーションの戦略の明確化
- ▶ 学習目標を達成するための適切な学習活動の選択
- ▶ クリティカル・サクセス・ファクター[※3]の決定

組織がメンタープログラムをどのくらい公式化したいかによって、手法、進め方など多くのことが異なってきます。体系的な公式のメンタリング・プログラムの開発については、ASTDの出版物『インフォライン（Infoline）』シリーズの『ストラクチャード・メンタリング：ア・ニュー・アプローチ・ザット・ワークス（Structured Mentoring：A New Approach that Works）』（トーマスとダグラス＜ Thomas and Douglas ＞、2004年）を参照してください。

ストレッチ・アサインメント

ストレッチ・アサインメントは、対象者の職務記述や担当範囲を越えた難易度の高いプロジェクトやタスクのことで、その学習経験の結果、新たなスキルが身につきます。研究によると、難しくやりがいのあるアサインメントは、スキル開発に最も効果的です。短期のアサインメントは、様々な期間、範囲、上司部下の関係で行われます。このアサインメントは、職務の充実、

つまり、今の職務に新しい挑戦を加えたり、業務の複雑さを増やしたりすることを指します。また、異なる（上下の）職位の仕事や、事業単位をまたいだ仕事もストレッチ・アサインメントになります。以下に、ストレッチ・アサインメントの例を挙げます。

- ▶ 新プロジェクトをリード、または実行する
- ▶ 会議を企画運営する
- ▶ クロス・ファンクショナル・チームをリードする
- ▶ インターン生やマネジメントトレーニングを受けている人を指導監督する
- ▶ 潜在的な新製品や組織の主要施策について調査する

難易度の高いアサインメントによって、対象者はコンフォート・ゾーンから出て、過去にほとんど（もしくはまったく）使っていなかったスキルを活用し、リーダーシップ能力の開発や学習プロセスを加速させます。

> **基本原則 10**
>
> ストレッチ・アサインメントは、最も強力な個人のリーダーシップ開発活動である。

ジョブローテーション

その名が示す通り、リーダーは、ローテーションのしくみに乗り、異なる部門や勤務地での勤務を課せられます。そして、計画に沿ってアサインメントをこなし、企業の運営に触れ、理解します。ジョブローテーションの目的はスキルの拡大です。個々の職域の経験にかける時間は、対象者のその職域に関する既存の知識とスキルレベルによって異なり、同時に、対象者のリーダーシップ開発におけるその職域の相対的重要性によって決まります。ジョブローテーションの期間は、組織、個人の要因次第で、数カ月から、数年に及びます。マネジメントトレーニングを受けている社員の育成プログラムには、一般的にジョブローテーションが含まれ、公式の研修プログラムや個人

コーチング、プログラムの運営者や他の参加者との定期的なミーティングといった学習活動がそれを補います。

ネットワーキング

　ネットワーキングは、個人間やグループの中で、情報や援助を共有する協力的なしくみ、プロセスです。今日では、ネットワーキングは仕事を成し遂げるための手段であり、対人コミュニケーションを多用した様々なスキルや活動を伴います。ネットワーキングのスキルは、公式あるいは非公式、社内外を問わず、強力な個人やビジネス上の関係づくりを助け、個人の影響力の基盤を築くことに役立ちます。そのメリットは、関係性、機会、リソースという3つのシンプルな言葉に要約されます。関係性の構築は、仕事と私事、両方の充実につながります。自身が出会い、ネットワークでつながる人たちは、所属する業界、仕事、他者、そして他社に関する貴重な情報源です。また、人と親しくなったり、人を紹介されたり、ビジネスの見込み客を得たりするリソースでもあります。
　ネットワーキングは、努力の要る組織活動であり、長期的戦略です。多くの人にとって、わけなくできることではなく、特に潜在的なリーダーたちは、ネットワーキングスキルの開発支援を必要とします。それに加え、ネットワーキングは一朝一夕ではできないことを理解する支援も必要です。ネットワークは、必要な時に活用できるように、時間をかけて構築、拡大し、開発、維持、養成しなければなりません。リーダーたちには、専門職や事業者の団体、市民団体、チャリティー団体、地域の商工会議所など、外部が主催する会合や社内のネットワーキングイベントへの参加を勧めましょう。

出向と地域活動への参加

　いくつかの企業は、非営利組織（以降NPO）の経営課題や資金調達、運営、マーケティングを支援するために、社内のリーダーたちを政府機関やNPO

に出向させています。出向期間中は、数カ月であっても1年であっても長さに関係なく、出向元の企業が出向者の給料と福利厚生費を負担します。役員の出向に関して最もよく知られているのは、共同募金団体であるユナイテッド・ウェイ（United Way）[※4]の事例です。企業は、米国のあらゆる都市で、資金調達活動のために、自社の役員をユナイテッド・ウェイに出向派遣しています。出向役員たちは、異なる環境や限られた資源、地域社会との相互交流のマネジメントから学習経験を得ます。同時に NPO も、企業の役員がもたらす知識とスキルの恩恵を確実に受けます。

　一般的に、出向役員たちは、州レベルで政府機関へ関わり、政府サービスの合理化やプロセス改善、節税に焦点を当てたプロジェクトに参加します。ミシガン州では、2003年に、ジェニファー・グランホルム（Jennifer Granholm）州知事が、役員出向プログラムを立ち上げました。このようなプログラムは、公的機関と民間企業とのパートナーシップを生み出し、企業のリーダーたちに豊かな学習経験を提供します。エドワード・ベトフ（Edward Betof）[※5]は、早期のキャリアで、州の教育の質向上に向けて提言を行うニュージャージー州クオリティ・エデュケーション委員会（Commission on Quality Education）に出向しました。ベトフは、自身の経験についてこのように語っています。「あのアサインメントで、私は一歩離れて、まったく異なる広い視点で物事を見ることができるようになりました。これまで私が限られた見地でしか見ることができなかった領域が、より深くわかるようになり、『還元する』ことの本当の意味を学んだのです」。彼が強調したのは、アサインメント全体にわたり、出向者が「出向元から忘れ去られることへの不安」に陥らないために「出向元に拠り所を持ち続けることが極めて重要」ということでした。出向役員の不安を防ぐために、出向元の組織は、スタッフ・ミーティングや社交行事、e メールや電話、面談を通じた頻繁なコミュニケーションによって、役員たちが出向元とのつながりを保つ機会を提供すべきです。一方、出向役員は、自身の仕事やそこで得た個人的、組織的な成果について、出向元に詳細に報告する定期的なレポートを書くべきです。

　リーダーやハイポテンシャルな人材が、顧客やベンダーに出向することもあります。この経験では、他社の運営を学ぶことに加えて、相手先との関係が深まります。

その他には、リーダーやハイポテンシャルな人材を地域のコミュニティ・ボード（コミュニティの委員会）へ任命する方法があり、イベントでの講演、募金活動への参加、ホームレス施設でのボランティア活動などに参加させます。リーダーたちは、新しいスキルの開発、または既存のスキル向上と同時に、社外ネットワークの開発に取り組みます。

タスクフォースとプロセス改善チーム

　タスクフォースは、重要な問題点を早急に解決するために、上級マネジャーによって編成されます。メンバーは一時的に現在の担当業務を離れ、タスクフォース業務に就きます。タスクフォースの任務は、問題解決のための長期計画策定であり、解決策の実行責任を負うことも頻繁にあります。システム移行、新製品の立ち上げ、社員報奨制度策定はこの一例です。参加者はこの経験を通じ、自社組織に関するさらに広範囲な知識を吸収し、新しい能力を開発します。また、新しい役割を得て、周囲からの認知度を上げることができます。

　プロセス改善チームは、異なる部署や機能組織に属する経験者で構成されるチームで、上層部がチームリーダーとメンバーを選びます。このチームの任務は、部門を越えた組織レベルのプロセスと生産性の改善によって、製品やサービスの質を高めることです。一例として、ローン申込書の処理時間削減、顧客サービス改善手法の特定、新たなセキュリティー手続きの実行などがあります。

海外アサインメント

　グローバル企業で、社内リーダーのリーダーシップ開発の手段として重要性を増しているのが海外アサインメントです。このアサインメントは、ジョブローテーションの一環の場合もありますが、いずれの場合も、対象者は、新しい技術の紹介や、社内に合わせたプロセスの標準化、トラブル対応とい

った一定の任務や業務、難易度の高い課題を経験します。このアサインメントに求められる成果は、グローバル・リーダーとしての知識、スキル、経験、意識を適切に持ち合わせた人材を育て上げることです。国内で優秀なリーダーは、必ずしも「グローバルで優秀なリーダー」ではなく、グローバルにおけるビジネスでは、グローバルなマインドセットをもっている人だけが成功します。グローバルなマインドセットの開発には異文化適応力が含まれます。カルチュラル・インテリジェンス（Cultural intelligence ＜ CQ ＞：異文化適応の知能指数）とは、「異文化を理解することに巧みかつ柔軟であり、継続的に異文化に触れて学習することができ、異文化に対する自身の思考をより共感的なものへと徐々に形成し直し、異文化の人たちとの交流においてより巧みかつ適切な行動を取ることができること」を意味します（トーマスとインクソン＜ Thomas and Inkson ＞、2003 年、14-15）。

国際的なアサインメントはその長さにより、以下の通り様々です。

- ▶ **短期間アサインメント（一般的に 3 カ月間〜 1 年間）**。問題解決やプロジェクトの監督を行います。
- ▶ **長期間アサインメント（1 年間〜 5 年間）**。明確に決められた役割で、子会社やビジネスユニットをマネジメントします。

ハイポテンシャルな人材には、ミーティング、研修プログラム、工場見学、短期プロジェクト、契約行為で企業の海外拠点を実際に訪問させることで、国際的な経験を提供できます。また、リーダーが他国の組織の一部を自国からマネジメントする実際のアサインメントも同様に価値ある経験です。

海外アサインメントに先駆けて、候補者は、次のような赴任前研修を受講する必要があります。

- ▶ 赴任国の文化への意識向上（非言語コミュニケーション、時間意識、仕事の習慣、しなければならないこととしてはいけないこと、交渉術、思考のプロセス、現地社員のモチベーションなどに関する文化的差異）
- ▶ 赴任国を知る（労働法規、政治構造、歴史）
- ▶ エチケットと儀礼（食事のエチケット、贈答、マナー、適切な服装）

▶ 語学スキル（できる限り現地の公用語を学習する）
▶ 実務的な支援についての説明（住居、在住資格登録、学校、配偶者やパートナーへの仕事の紹介、立替経費振込口座、健康保険やその他サービスの利用）
▶ 赴任準備のための訪問（事業状況の印象の把握、住居や学校施設の下見、移動手段、買い物の場所）

また、ビジネス・シミュレーションの中で、潜在的なグローバルリーダーに、「1日グローバルリーダー」を任せることも有益です。その人たちは、様々なシナリオに取り組み、この先マネジャーとして直面する現実の細かな状況について、意思決定を求められます。

自主学習型遠隔学習プログラム

　ここで言う自主学習型遠隔学習プログラム（self-directed distance learning program）とは、大学や商工会議所、コンサルティング会社、その他の組織で提供されているオンラインコースのことです。プログラムの長さはテーマによって様々で、履修証明書が発行されるものとそうでないものがあります。自主学習には、その他にも、書籍、記事、CD-ROM、インターネットのような数多くのリソースや個人の学習活動があります。
　自主学習型遠隔学習プログラムの最大の課題は、受講者（特にマネジャー層）にプログラムをきちんとやり遂げさせることです。テストやプレゼンテーション、ロールプレイ、新しいスキルや行動の実践といった、必須のアサインメントや評価方法を定め、リーダーがプログラムを完遂する可能性を高めます。確かなのは、すべての実施手法（従来型のクラスルームでの座学も含む）は技術開発の進展によって、変化、進化しているということです。
　オンライン研修やその他の遠隔学習プログラムの設計の際も、クラスルーム学習設計と同じく、正しいIDの原理原則に従います。多くの遠隔学習の実施方式、特にオンライン研修では、非言語コミュニケーションとインタラクションという重要な要素が失われます。受講者の多くは、学習にあたり、他

者とのアイデアや意見、観点の交換を望んでいるので、設計者は講師や参加者同士が交流する機会をつくるべきです。プログラムに人間味を加えるために、掲示板、スレッドでのディスカッション、チャットルーム、eメール、オーディオやビデオでの会議などの数多くの手法が使えます。

> **補足説明**
>
> eラーニングプログラムでは、受講者に学習をやり遂げようとする心理的な理由がない限り、プログラムを始める際に動機づけられている人は約2割しかいません。さらに、そのうちの半数の人しか計画されていたプログラムを終了できません。

自主学習型遠隔学習の利点

　自主学習型遠隔学習の活用は、拠点の多さや時間の制約、その他の学習障壁から起こる学習提供のギャップを埋めようとする組織にとって有用です。次に挙げるのは、自主学習型遠隔学習に見られる多くの利点の概要です。

- **利用のしやすさ**。参加者は、自分の都合に合わせ、必要な時に必要な場所でコース教材を利用できます。これは、遠隔地の拠点で働く人や商談で地方出張が多い人、多忙な人にとっては特に重要な利点です。
- **費用の節約**。伝統的なクラスルーム式のコースは費用がかかります。遠隔学習は、研修室の費用や人件費、そして出張旅費も節約できます。
- **さらなる効率性**。経済的であることに加え、遠隔学習なら、複数の場所にいる数多くの人たちに一斉に研修を実施できます。これは、多数の拠点をもつ企業にとって、新製品や新プロセスを社員全員に同時に説明する際には、非常に重要な利点となります。数百人の社員に対する新製品研修の実施に、どんなに長い時間と多額の費用がかかるのか、想像してみるとわかります。
- **適時性**。研修の時期は、知識やスキルを実際に使う時期にできるだけ近づけて設定すると、研修効果が向上します。
- **参加者主体**。この手法なら、参加者は自分自身で学習をコントロールできます。参加者は、教材すべてやその一部に関して、本当に必要な部分だけを利用でき、すでに知識をもち合わせている部分については省略や

見直しで済ませられます。また、プレッシャーや慌ただしさを感じることなく、より時間をかけて学習したり、コンテンツを見返したりすることが可能です。さらに、自身のスケジュールと学習の始めと終わりのタイミングを合わせられます。

- ▶ **社員同士の結びつき**。グローバル化の進展の中では、テクノロジーベースの遠隔学習を使って、世界中の異なる地域にいる人たちが結びつき、お互いに学び合うことができます。
- ▶ **一貫性**。学習コンテンツは中心となる発信元から全員に配信されるので、参加者が見聞きする内容に一貫性があります。
- ▶ **専門家の有効利用**。プログラムに関わる SME[※6]（Subject Matter Expert：分野別専門家）の時間を一層効果的、効率的に利用できます。SME が参加者に専門知識を提供する時間と方法を、決められたクラスルームの時間と場所に合わせることなく、SME 自身が選べます。

自主学習型遠隔学習の欠点

どの実施手法も絶対的に完璧ではありません。したがって、遠隔学習にも欠点があります。次のリストは、最も頻繁に挙げられる遠隔学習のデメリットです。

- ▶ **参加者のテクノロジー利用経験**。Web などを使うテクノロジーベースの遠隔学習の実施にあたり、克服しなければならない最初の障壁の1つは、参加者の「テクノロジー恐怖症」です。Web やコンピュータの扱いに慣れていない人が、期待通りの速さで学習するためには、余分な時間やトレーニングが必要になるでしょう。他には、圧倒的な業務量があり、自主学習の完遂やセミナーへの参加に時間を使うことに抵抗を示す人もいるでしょう。
- ▶ **利用可能なテクノロジー**。テクノロジーとその性能の急速な発達に、すべての個人と組織が追いついていけるわけではありません。社内のソフトウェアやハードウェアの性能に関しては、最先端を行く企業もあれば、周回遅れの企業もあります。したがって、社内の既存のテクノロジーが

学習に不適当な場合もあります。たとえば、システムがグラフィックプログラムを流すのに不十分な通信帯域だったり、プログラムを実施するのに必要な新しいソフトウェアが現状のハードウェアと互換性がなかったりするかもしれません。また、すべての社員がインターネットを利用できる環境にあるとは限りません。

▶ **他者とのインタラクションの減少**。テクノロジーベースの遠隔学習では、チームビルディングや人間関係の構築に役立つ、仲間同士のインタラクションや学習の機会がたびたび不足します。しかし、コミュニケーション・テクノロジーは発達し続けており、この障壁は今後少なからず減っていきます。

▶ **学習スタイルとの相性**。フェイス・トゥー・フェイスのインタラクションを好む人は、遠隔学習を取り入れるのに苦労します。単純に自身の学習スタイルに合わないのです。個人の学習スタイルを考慮することは重要です。テクノロジーベースの遠隔学習は、グループインタラクションを好む人たちのニーズには適していません。

▶ **先行投資**。遠隔学習は長期的に見ると費用対効果が高い一方で、開発コストやハードウェア、ソフトウェアに相当な先行投資が必要です。

▶ **学習内容との適合性**。様々な形態のeラーニングに最も適しているのは、認知学習に強く焦点を当てたテクノロジーベースのコース学習です。スキル（運動学習）については、シミュレーションやその他の双方向性の高い方法でならば教えられます。しかし、情意学習には人的なインタラクションが求められるので、テクノロジーベースの学習で扱うことはたいへん難しくなります。

▶ **さらなる煩雑さ**。遠隔学習は、より多くの人を巻き込まなければならないため、伝統的なクラスルーム研修に比べ、協働とチームワークが求められます。伝統的なクラスルーム研修の主な関係者は、インストラクショナルデザイナー、コース開発者、ファシリテーターあるいはトレーナーであり、多くの場合、これらの役割を1名でこなします。一方、遠隔学習の場合は、テクノロジーの専門職と遠隔地でのファシリテーター、設備サポート担当者も必要です。

その他の個人のリーダーシップ開発経験

本章で論じた数多くの個人のリーダーシップ開発活動に加えて、以下に、特定のニーズをもった個人に対し提供できる活動の選択肢を挙げます。

新しいポジション

ある特定の個人に対し、一定のスキルを開発させたいけれども、ジョブローテーションのような選択肢がない場合は、その人のために、まったくの新しいポジションをつくってもよいでしょう。もちろん、この新たなポジションは、組織の具体的なニーズに応じるものであるべきです。たとえば、組織において、専門職を開発するディレクターや地域担当営業マネジャーが必要になった時などがそれに当たります。

臨時のアサインメント

欠員が生じた時、特にそれが予期しないことだった場合は、後任者を見つけるための緊急対応が必要です。組織の問題を解決する方法として、またハイポテンシャルな人材のリーダーシップ開発をする絶好の機会として、正式な後任者が決まるまで、ハイポテンシャルな人材を代行者にしてその空きポジションを任せます。多くの場合、結果的にその代行者が正式な後任者となります。

ジョブスワッピング

短期間のジョブスワッピング（職務交換）は、対象者たちが、自身と関係する組織内の他領域について、より広い視点を養うことに非常に役立ちます。営業部門の社員とマーケティング部門の社員を交換する、あるいは顧客サービス部門のハイポテンシャルな人材と研究開発部門の人材を交換するのがその例です。ジョブスワッピングは、受け入れ部門の機能と責任を学ぶ利点だけではなく、そこでの経験と交流によって、組織の縦割りを打ち破る利点が

あります。

社内における短期の学習経験

次の短期間の学習活動は、他のアサインメントや現在のポジションでの活動に追加して利用できます。

- ▶ 外部の会議や専門職団体の会合に企業を代表して出席する
- ▶ 調査研究を実施する
- ▶ 研修セッションをファシリテートする
- ▶ 新しいプロセスを開発する
- ▶ クロス・ファンクショナル・チームに参加する
- ▶ 自社主催のイベントの責任者を務める
- ▶ 自社事業に関係するテーマについて調査報告書を執筆する
- ▶ 新しい研修プログラムを開発する
- ▶ 他領域の人のメンターを務める
- ▶ 新しいプロジェクトや重要施策の提案書を作成する

社外における短期の学習経験

次の社外活動は、個人の対人スキル、リーダーシップスキル、ビジネススキルの開発に役立つとともに、他のビジネスモデルを知る、貴重な機会です。同時に、社外ネットワークも開発できます。

- ▶ 顧客や仕入先を訪問する
- ▶ 顧客のコンベンションに出席する
- ▶ ベンダーのミーティングや会議で話をする
- ▶ ユナイテッド・ウェイの募金キャンペーンの責任者を務める
- ▶ 慈善団体または専門職団体の戦略計画策定セッションをファシリテートする
- ▶ 地域団体、専門職団体に加入する

- ▶ 委員会の委員を務める
- ▶ 専門誌に寄稿する
- ▶「ビジネス・ボランティア・フォー・ザ・アーツ（Business Volunteers for the Arts：芸術のためのビジネスボランティア）」や「ビジネス・オン・ボード（Business on Board：ビジネスの委員会参加）」といった活動によって、地域の商工会議所に積極的に参加する

短期の社外研修やエグゼクティブ（経営者向け）教育

個人によっては、社内のリーダーシップ開発活動に補足して、時折、大学のような外部機関でしか得られない知識が必要となる場合もあります。個人と組織、両者のニーズを満たすために、これらのコースやプログラムは慎重に選ぶべきです。

考えるヒント

個人の学習活動への関心と支援を高めるために、一定のプログラムをやり遂げた人たちの氏名を公表しましょう。できたら、プログラムを通じて得られた成果について、その人たちのコメントを一緒に見せましょう。

実践に向けて

本章で論じたすべての個人のリーダーシップ開発活動に、自分自身で考えたその他の学習活動をつけ加えてリストをつくりましょう。このリストには、学習活動に関するすべての資料と、リーダーとハイポテンシャルな人材への案内文書もつけておきましょう。このリストは、リーダーとハイポテンシャルな人材が上司と協力してIDPを準備する際に役立ちます。

次章では、リーダーシップ開発プログラムの一部として選ぶことができる、数多くの社外での学習経験とリソースについて学びます。

---

1. ものの見方の枠組みを変え、異なる枠組みで物事を捉え直してみること
2. この場合は、メンタリングを効果的に遂行するにあたり、関係者全員が同意のうえで定めたルール

3. クリティカル・サクセス・ファクター（主要成功要因）については、第2章内の「リーダーシップ開発の定義」（P.27）の記述参照
4. ユナイテッド・ウェイは、米国最大の社会福祉に関するNPO団体の1つであり、傘下にある各地域の社会福祉施設・団体等のNPOへの資金配分を目的として、一括した資金調達を行う機関である（http://worldwide.unitedway.org/）
5. エドワード・ベトフ氏については、第5章内の「コーポレート・ユニバーシティ」（P.75）参照
6. ある特定の業界やサービスにおける十分な知識や経験をもつ専門家を指す

第7章

社外のリーダーシップ・プログラム

この章の内容
ここでは、以下の事柄を学びます。
- ▶ 大学のプログラム
- ▶ 外部リソースの役割
- ▶ 外部リソースの選び方

　社内のリーダーシップ開発プログラムを補完するために、組織は、大学や事業者団体、コンサルティング会社のような外部リソースと接触し、パートナーシップを結んでいます。社外のプログラムは、数日から、数週間または数カ月にわたって続くものがあります。また、短期集中のMBA講座もあれば具体的なテーマのセミナーもあり、形態は多岐にわたります。講座は開催者の会場で行われ、様々な組織と階層の人たちが参加します。ここでは、いくつかの具体的な外部リソースと、プログラムのタイプを見ていきます。

補足説明

社外のエグゼクティブ教育プログラムは、長期間から短期間へ、組織のリーダーシップ開発施策を補足する形で、より目的を定めたプログラムになりつつあります。

大学（単科大学／総合大学）

　伝統的な大学機関は、MBAのような上級の学位を取得しようとする人たちに対し、その機会を提供し続けています。全階層のリーダーたちが、キャリアアップにおけるMBA取得の利点を理解しています。

　ビジネススクール（経営大学院）は、必要に迫られて、新たなニーズに対応し始めています。グローバル化の進展により、グローバル・リーダーシップスキルへのニーズが高まる中、多くのビジネススクールが海外に焦点を当てた活動を重視するようになり、国外の大学と提携している機関もあります。また、いくつかのスクールは、ビジネス教育とキャリア開発をより緊密に結びつける手法を考えています。ペパーダイン大学グラジアディオビジネス・経営大学院（Pepperdine's Graziadio School of Business and Management）のように、学生が、ディズニー社（Disney）やコカ・コーラ社（Coca-Cola）など、企業の実際のマーケティング課題に取り組む事例もあります。さらには、学位取得中の職業人学生の多忙なスケジュールとワーク・ライフ・バランスを考慮して、その人たちの多様なライフスタイルに合った多くのオプションを提供しています。

学位取得プログラム

　大学では、現代の多忙な職業人に適した様々な形式の学士号や修士号の取得プログラムを提供しています。次に挙げるのは、学位取得を目指す人が利用できる種々のプログラムです。

- ▶ **伝統的な夜間クラス**。このプログラムは、学生が週に1～2回の夜間の授業に出席し、3～4年で学位を取得する伝統的な教育モデルです。
- ▶ **エグゼクティブMBAプログラム**。組織の上位層のリーダー向けプログラムで、平日の貴重な時間を使いたくない経営層のために、授業は通常金曜の夜から土日にかけて行われます。多くの場合、エグゼクティブMBAプログラムの学生は、修了要件を達成するまでの間、15～18名のラーニング・グループに入り、共に学びます。

▶ **短期修了プログラム（accelerated program）**[※1]。グループでの学習という点で、エグゼクティブ MBA プログラムと似ています。学生は 18 〜 25 名のグループでプログラムを進め、週に 1 度の夜間セッションに出席します。短期修了プログラムの長さは、学術機関によって異なりますが、一般的に 18 〜 24 カ月にわたります。入学にあたり、学生には職業経験が必要です。中には経営責任をもっている人もいます。

▶ **オンラインプログラム**。オンラインで学位を授与するプログラムを提供する大学はますます増えています。オンラインの学位取得プログラムは利便性と柔軟性を提供し、人々が多忙な仕事とプライベートの中で、勉学に励むのに適しています。このプログラムなら、コンピュータとインターネットに接続できる限りいつでもどこでも学習できるので、出張の多い人には特に魅力的です。

▶ **伝統的でない大学**。フェニックス大学（University of Phoenix）、カプラン（Kaplan）、カペラ（Capella）、ストレイヤ（Strayer）のような従来の大学とは異なる営利組織は、米国各地の都市に「キャンパス」ももっていますが、主にオンラインの学位取得プログラムで知られています。

▶ **インタラクティブな遠隔学習**。このプログラムは、真のブレンデッドラーニング（blended learning）[※2]設計であり、学生は、独立した個人学習と体系的なコースワーク（仲間同士での学習や教授との協働、オンラインコースや対面式のクラス、セミナー、e メールを含む多様な学習メディアの利用）を組み合わせた方法で学習します。カリフォルニア州のサンタバーバラにあるフィールディング・インスティチュート（Fielding Institute）は、ブレンデッドラーニングのアプローチで知られ、学生が自分自身のカリキュラムを作成し、教授は学習プロセス全体においてメンターの役割を果たします。

学位を取得しないプログラム

企業の社員は、リーダーシップ開発施策の補足や強化のために、大学の聴講生向けのプログラムをよく利用します。このプログラムは、まとまったカ

リキュラムを提供する構造化されたリーダーシップ開発プログラムもあれば、特定のテーマを扱う短期の単発クラスもあります。

エグゼクティブ教育プログラム

　ビジネススクールをもつトップ大学の大多数は、エグゼクティブ教育プログラムを提供しており、小規模の大学でも同様のプログラムを始めるところが増えています。リーダーシップ開発プログラムをもつ有名大学には、ペンシルバニア大学ウォートンスクール（Wharton School at the University of Pennsylvania）、スタンフォード大学（Stanford University）、ミシガン大学（University of Michigan）、ペンシルバニア州立大学（Penn State University）、コロンビア大学（Columbia University）があります。これらの教育機関は、ある特定の企業に対しては、プログラムをカスタマイズして提供しています。

短期の公開リーダーシップ・プログラム

　大学が主催する短期の公開リーダーシップ・プログラムに対するニーズは、いまだ健在です。1～2日から数週間にわたるこれらのコースは、ハイポテンシャルな人材に対し、新しいアサインメントに向けた特定の領域の知識獲得や、特定の責務に関する基礎的な理解の向上を支援するのに効果的です。たとえば、初めてプロジェクトリーダーを務める人は、プロジェクトマネジメントの短期コースの受講を必要とするでしょう。

研修を提供する組織

　大学に加えて、ノースカロライナ州のグリーンズボロに本拠地を置く非営利組織のセンター・フォー・クリエイティブ・リーダーシップ（Center for Creative Leadership、以降CCL）のような民間組織も、公開プログラムと特定の企業向けのリーダーシップ開発プログラムの両方を提供しています。

CCLのプログラムは中身が濃く集中的で、根拠が確かな大規模研究に基づいています。さらに、非常に効果的な自社のリーダーシップ開発プログラムをもつ企業は、自社のリーダーシップの原理原則や実践を世界中に共有し、提供しています。代表例に、ディズニー・インスティチュート（Disney Institute：ディズニー社の社外向け教育機関）が提供する「ディズニー・アプローチ・トゥー・リーダーシップ・エクセレンス（Disney Approach to Leadership Excellence）」プログラムがあります。このようなタイプの組織が提供するプログラムは、一般的に合宿形式で、数日から数週間の長さのものまで様々です。

オフサイト・ミーティングと体験型の学習活動

オフサイト・ミーティングは、同じ組織に属するリーダーのグループを職場から離れた会議場やその他の施設に連れて行き、数日間、学習経験にどっぷり浸かってもらうものです。この経験の大半は、チームワークの促進や、特定の問題、役割、プロセスに取り組む機会の提供に焦点が当てられます。強烈なチームビルディング経験のために、岩登りやいかだ下り、アスレチックコースなど、何らかの身体活動を含むアウトドアでの体験型学習プログラムを行う組織もあります。このようなオフサイト・ミーティングは、企業内のクラスルームでのセッションを開始する前の準備活動としてもよく利用されます。

それほど冒険的ではない内容であれば、個人やグループのリーダーシップとチームスキル向上をねらった、現場の問題解決のタスクを提供する体験型のプログラム（室内または室外で実施）があります。また、コンピュータのシミュレーションを使い、参加者が現実の失敗の恐れがない環境で新しい行動を試しやすくするプログラムもあります。これらの学習活動は、概して３～４時間の短い時間で行われますが、コンサルティング会社の施設で数日かけて実施することもできます。ビジョン・ポイント・コンサルティング（VisionPoint Consulting）[※3]は屋内と屋外、両方の体験活動についての有用なリソースです。また、CEOシェフ（CEO Chef）[※4]、チームボンディング

(Teambonding)※5といったリソースもあります。リーダーシップモジュールの一部として体験型の学習活動を利用したいが、費用がかかる外部サービスの導入を避けたいと望む組織のためのリソースとしては、エイチ・アール・ディー・キュー（HRDQ）※6が優れています。エイチ・アール・ディー・キューが提供する「マーズ・サーフェース・ローバー（Mars Surface Rover）」はファシリテーション型のリーダーシップを教える体験ゲームの1つです。

真の学習は、どんな時も、体験型の学習活動の振り返りや、それを腹落ちさせる段階で起こります。プログラムを効果的にするために、シミュレーションと体験型の学習活動をリーダーシップ開発プログラムに組み込んでみましょう。

> **基本原則11**
> どのような体験型のプログラムにおいても、ファシリテーションの質が成功の鍵となる。優れたファシリテーターは、学習活動の振り返りや学んだことのまとめにかなりの時間を費やし、学習体験と職場での活用法について内省するように参加者を促す。

事業者団体と専門職団体

多くの事業者団体と専門職団体は、自前の教育プログラムをもっています。多くの場合、それらの団体は、大学機関と提携関係にあり、業界の専門家と大学教授を組み合わせた形を取ります。

米国内で最大の銀行協会であるアメリカン・バンカーズ・アソシエイション（American Bankers Association：米国銀行協会／以降ABA）は、大規模で総合的な専門職の能力開発プログラムをもつ優れた事業者団体の1つです。ABAストーニア高等銀行研修所（ABA Stonier Graduate School of Banking）は、金融業界のエグゼクティブ経営大学院としては抜きん出た存在です。プログラムは、1週間の合宿セッションを年に1回、全部で3回行います。そして、セッションとセッションの間にプロジェクトと論文が課せられ、実際の戦略プロジェクトをやり遂げるという構成になっています。このプログラムは、ペンシルバニア大学のキャンパスで実施されます。協会は、この銀行業界のリーダー向けの最上級のプログラム以外にも、大勢の専門職

たちのために、融資、リテールバンキングとビジネスバンキング、資産管理、コンプライアンスの分野の教育プログラムを提供しています。これらのセッションは、様々な場所（オンライン、フェイス・トゥー・フェイス、webキャスト、電話セミナー）で実施され、その多くが、学位や修了証書が授与されるプログラムの一部でもあります。さらに、ABAでは、協会加入企業向けに、企業内カスタマイズプログラムも提供しています。

また、ASTDは、ワークプレイス・ラーニング（workplace learning：職場での学習）とパフォーマンスに携わる専門職が加入する代表的な団体であり、ASTDサーティフィケーション・インスティチュート（ASTD Certification Institute）は、サーティファイド・プロフェッショナル・イン・ラーニング・アンド・パフォーマンス（Certified Professional in Learning and Performance／CPLP）という認定資格を提供しています。

人材マネジメントに関する世界最大の専門職団体であるSHRMも、幅広い教育プログラムを提供しています。プログラムには、多くのワークショップ、セミナー、カンファレンス、資格認定科目が含まれています。SHRMのヒューマン・リソース・サーティフィケーション・インスティチュート（Human Resource Certification Institute）は、人事専門職向けの独立した資格認定団体であり、国際的に認められています。

選択基準

外部リソースを社内のグループや個人向けに薦めたり選んだりする前に、やらなければならない「宿題」があります。それは、社外のプログラムとそれを提供する組織が、参加する個人や組織のニーズに合っているかどうかを確かめることです。最適なプログラムを選ぶための基準リストをつくりましょう。数多くの候補プログラムを評価する際には、以下に示す項目を検討してみましょう。

▶ そのコースやプログラムは、どのような組織のニーズに対応するのか？
▶ そのコースやプログラムは、どのような個人のニーズに対応するのか？

- そのプログラムの実施期間はどのくらいか？　参加者は仕事との両立が可能か？
- そのプログラムを提供する組織と講師の評判はどうか？
- そのプログラムには、自社の他に誰が参加しているのか？　参加者の会社名と役職は？
- そのプログラムは、学位取得、履修証明、資格認定のいずれのタイプか？
- そのプログラムではどのような手法が使われるのか？　それは、参加者の学習スタイルやライフスタイル、学習に利用できる時間とマッチしているか？
- そのプログラムの費用はどのくらいか？
- そのプログラムの効果はどのように測定するのか？

考えるヒント

講師はプログラムの効果を左右します。プログラムを提供する組織と同様にそれを教える講師についてもチェックしましょう。さらに、クラスの定員数の確認も必要です。50名以上の大きなクラスでは、有意義なグループインタラクションやスキル訓練の機会がほとんどなくなります。何よりも重要なのは、プログラムと自社の事業課題との関連性を検討し、参加者をそのコースやプログラムに派遣する理由を明確にすることです。

実践に向けて

自社社員が参加可能な、社外のリーダーシップ開発プログラムのリストをつくり、本章で紹介した選択基準に基づいて、それぞれのプログラムの優れた点と問題点を一覧にしておきましょう。

次章では、カークパトリックの4段階評価モデル（Kirkpatrick's four-level model of evaluation）を用いたプログラムの効果測定について学びます。

---

1. 通常より短い期間で修了する繰り上げプログラムを指す
2. ブレンデッドラーニングとは、eラーニングに代表されるオンライン学習と伝統的なクラスルームでのフェイス・トゥー・フェイスの学習の両方の側面を組み合わせた学習アプローチである
3. www.visionpointconsulting.com 参照
4. www.ceochef.com 参照
5. www.teambonding.com 参照
6. www.hrdq.com 参照

第8章

プログラムの評価

> **この章の内容**
> ここでは、以下の事柄を学びます。
> ▶ 評価の4段階
> ▶ 評価ツールの設計方法
> ▶ 評価プロセス

　ビジネスが順風の時だけでなく、逆風の時にこそ、教育研修の価値を証明することを重視します。研修とその他の開発活動の効果測定は、とりわけそれがリーダーシップ開発プログラムの評価の場合には、非常に重要で、難しいものになります。本章では、ドナルド・カークパトリック（Donald Kirkpatrick）が開発した4段階評価モデルの概要を紹介します（『ザ・フォー・レベルズ・オブ・エバリュエーション＜ The Four Levels of Evaluation ＞』、インフォライン＜ Infoline ＞、2007年）。

なぜ評価を行うのか？

　評価は継続的なプロセスであり、セッションや学習活動、プログラムの最後にだけ行うものではありません。セッションの実施中、終了時、参加者が職場に戻った後に評価を実施することが効果的です。

評価に使用される手法は、ニーズ・アセスメント（第4章で既述）で使われるデータ収集の手法と非常に近いものです。そして、評価は、すべてのリーダーシップ開発活動や学習体験に組み込まれます。

研修評価の4段階モデル

　最も広く知られており、ワークプレイス・ラーニングの実践者たちが代表的なモデルと考える研修評価の4段階モデルは、1959年にドナルド・カークパトリックによって提唱されました。4つのレベル（レベル1：反応、レベル2：学習、レベル3：行動、レベル4：成果）はすべて重要ですが、4つすべてを評価しなくても構いません。調査研究によると、大多数の組織がレベル1評価（反応）を行っています。また、多くの企業がレベル2評価（学習）も実施しています。レベル3評価（行動）は、レベル1、レベル2の後に実施され、最後に行われるのがレベル4評価です。組織はますますコスト意識を高めており、研修や開発に対する効果測定へのニーズは、引き続き高まっています。表8-1は、4段階評価の概要を示しています。

レベル1：反応

　レベル1は参加者の「反応」、すなわち、参加者満足度を扱います。レベル1評価は、参加者の反応を書き込むスマイルシート（笑顔や不満顔のマークへのチェックによって評価を表す形式の受講後アンケート）で実施されることが多く、研修セッションがどのくらい楽しかったかを示しているに過ぎないことが暗にわかります。そのため、学習リーダーたちには時間の無駄に見えてしまい、レベル1評価は軽視されがちです。

　しかし、それに反して、レベル1評価は研修プログラムの成功を測る重要な最初のステップだといえます。参加者の反応は、プログラムの効果を測るだけでなく、プログラムの改善に役立ちます。

基本原則12

レベル1評価（参加者の反応）は、すべてのプログラムで実施すべきである。

もし参加者が研修で不本意な経験をすれば、その人たちは確実に不満を他者に伝えます。それは主要な意思決定者のプログラムへのサポートにも悪影響を及ぼします。

表8-1　研修効果の測定

	測定内容	測定対象者	測定時期	測定手法	測定理由
レベル1	反応 参加者はプログラムに満足したか？	参加者	プログラム終了時	アンケート調査	参加者満足度のレベル測定 プログラム修正ニーズの収集
レベル2	学習 参加者はどのような知識やスキルを身につけたか？	参加者 トレーナー	プログラム開始前、実施中、終了後	事前テスト／事後テスト ロールプレイ、ケーススタディ、演習を通じたスキルの応用	トレーナーがうまくプログラム内容を提供できたか、また、プログラムの学習目的が達成されたかについての特定
レベル3	行動 参加者の行動はどのように変わったか？	参加者 参加者の上司 参加者の部下 参加者の同僚	プログラム終了後3～6カ月の時点	アンケート調査 インタビュー 観察 業績評価	学習内容の実務での活用度合いの測定
レベル4	成果 ビジネスに対してどのような効果があったか？	参加者 コントロール・グループ (control group: 対照群)	レベル3のフォローアップ終了後	費用便益分析 追跡調査 経営データ	プログラムの費用対効果の測定 組織のゴールに対するプログラムの貢献度合いの確認

レベル1評価で測定できないこと

　レベル1評価の問題点の1つであり主な批判の原因は、評価があまりにも主観的で、ただの人気コンテストになりがちなことです。セッション終了時の評価シートを設計する前に、まず、レベル1評価で測定が不可能な内容について理解しておきましょう。この方法では、レベル2の学習やレベル3の実務への応用力は測れません。同様に、参加者の態度や信条の変化も測定できません。レベル1評価では参加者の認知や反応だけが評価対象なので、その測定ツールでは組織的成果に関する影響度を測る術がありません。たとえ

ば、参加者アンケートでは、トレーナーの知識について具体的に尋ねる項目が頻繁に出てきますが、参加者にはトレーナーがもつ知識そのものの測定は難しいのです。しかし、研修においてトレーナーが見せた知識の伝達、説明能力を評価することはできます。

測定内容の決定

　レベル１評価の測定ツールを設計する前に、測定によって何を知りたいのか、なぜそれを知りたいのかを明らかにする必要があります。入手した情報はどのように処理する予定ですか？　みなさんが自分の手で変えられないこと、分析や報告をするつもりのないことについて情報収集する必要はありません。

セッション終了時の評価シートの設計

　評価シートの設計は難しいものです。評価シートをつくり始める際には、次のガイドラインが役に立つかもしれません。

- ▶ 参加者が手早く記入することができるように、シートは簡潔にします。
- ▶ 収集する情報の種類のバランスを取ります。たとえば、講師に関する質問が５つもあって、内容に関する質問がたったの２つ、ということがないようにします。
- ▶ 100％確実に、研修直後の反応を入手するようにします。つまり、参加者には研修室を出る前に評価を終えてもらうのです。そうすれば、すべての参加者からフィードバックがもらえ、なおかつ、集団の心理に影響された回答、すなわち、評価を実施している間やそれよりも前に、参加者同士が評価について話し合ってから回答することを防げます。

考えるヒント

リーダーシップ開発プログラム全体、または一部の、何に関する参加者の反応を知りたいのかを考えてみてください。そして、参加者の反応を定量化できるような評価シートを設計しましょう。

分類区分。まず測定したい内容を決め、いくつかの分類区分に含まれる質問や回答項目をつくります。分類区分には以下

のようなものがあります。

- ▶ 内容 ── 内容は実用的だったか？ 参加者のニーズを満たすものだったか？
- ▶ 教材 ── 学習用の教材はどのように役立ったか？
- ▶ インストラクション手法 ── 学習活動や演習はどのように効果的だったか？ トレーナーは多彩な手法を使っていたか？
- ▶ トレーナー ── 説明や討議のファシリテーションや、参加者を引き込むことにおいて、トレーナーはどのくらい優れていたか？
- ▶ 環境 ── 学習環境は、どのくらい快適だったか？

さらには、参加者に対して、学習を通じて得たこと、学習の今後の活用について聞いてみてもよいでしょう。「この研修で、あなたが学んだ最も重要なことは何でしたか？」「この研修の結果、あなたは何に取り組み、何を変え、何をやめるつもりですか？」といった質問は、参加者が、学習経験の結果得たことを測定するのに役立ちます。

同様に、参加者にプログラムの改善点についてコメントをもらったり、セッション全体に対する感想を書いてもらったりするのも良いアイデアです。

フォーマット。回答者が、質問票のすべての項目に変わらない評価をつけてしまう傾向を防ぐために、様々な回答様式のフォーマットを用います。次のオプションの中から、少なくとも4種類を選んでください。

- ▶ 説明やコメント欄付きの二者択一式の質問。この質問には、「はい」「いいえ」、「同意する」「同意しない」のような回答が含まれます。
  例：コースは当初の目的を満たしましたか？ はい _____ いいえ _____
- ▶ 短い自由回答。質問は、オープン・クエスチョン形式で、チェックボックスへの記入の代わりに、回答者に短い回答を書かせるものです。
  例：ワークショップのどの部分が、あなたにとって最も価値のある／有益なものでしたか？ また、それはなぜですか？

▶ 文章の完成。この質問では、回答者は書かれている文章を完成させます。
　例：私がもっと知りたいこと／知る必要があることは、
　_____
　_____

▶ レーティング。回答者は、リッカート尺度のようないくつかのタイプの尺度や評価方法を使って質問や文章に回答します。リッカート尺度は、個人の意見や態度について、方向性（肯定的－否定的）と強さ（強く肯定的－強く否定的）を測ります。
　例：本日のセッションは、私にとって楽しく満足のいく学習経験だった。
　　　　1　　　2　　　3　　　4　　　5　　　6　　　7　　　8
　　　まったく同意しない　　　同意する　　　　非常に同意する

▶ 順位付け。これは、回答者に優先度や好ましさを示してもらうものです。
　例：それぞれのテーマに、あなたの仕事にとって最も重要、または関係が深いものから順番をつけてください。
　　　1＝最も重要、5＝最も重要でない

▶ チェックリスト。チェックリストは、参加者が自身の反応を表している言葉を選び、印をつけるリストです。
　例：本日のセッションに対するあなたの考えを表している文章に印をつけてください。
　　　____ 自身の期待を超えていた
　　　____ 自身の期待に合っていた
　　　____ 自身の期待に達しなかった

　また、セッションがもたらす参加者の効果に焦点を当て、これまでの質問票よりもっと深く参加者個人の反応を得られるような質問を付け足すこともできます。

例：あなたの同僚（または友人）がこのプログラムに参加すると想像してください。その人があなたに「このプログラムは、あなたにとってどんなプログラムでしたか？」と尋ねます。あなたはどのように回答しますか？

インタビュー

　セッション終了時の質問票に加えて、質問票で収集したデータの信頼性を上げるインタビューを行います。インタビューは、リーダーシップ開発プログラムを評価するのにたいへん役立ちます。このデータ収集方法は極めて柔軟で、インタビュアーが、さらに具体的な回答を探ったり、インタビュー対象者に必要に応じて質問の意図をきちんと説明したりできます。また、相手から思いがけず自発的な回答が出てくるため、参加者の反応をさらに完全に近い形で得られます。インタビュアーは、質問票から集めた反応を、より詳しく調査できます。

　そこで、1回30分のインタビューを計画しましょう。実際には、すべての参加者へのインタビューは難しいため、インタビュー対象者を無作為抽出します。セッションでの体験が参加者の心の中で新鮮なうちに、セッション後1週間以内にインタビューを行うことが重要です。1対1のインタビューでは、参加者の質問票での反応の理由を一層深く探り、プログラム改善に向けて提案を求めます。インタビューは、録音してその内容を書き起こし、回答をさらに徹底して分析、解釈することもできますし、話の最中に取ったメモで済ませることもできます。

　インタビューの質問をつくる際は、質問票にある質問と重複しないようにします。その代わりに、セッション内で使われた手法や扱った内容について具体的に尋ねます。以下は、リーダーシップ開発プログラムに関する質問の例です。

▶ アクション・ラーニングのプロジェクトの何が良かったですか？
▶ アクション・ラーニングのプロジェクトにおいて、最も難しかったことは何でしたか？
▶ どのような学習活動や学習経験が、あなたにとって最も役に立ちましたか？
▶ この学習経験が、自身のリーダーシップスキルの強化にどのように役立つと思いますか？

レベル2：学習

　レベル2評価は「学習」を扱います。学習とは、知識（認知領域）、スキル（運動領域）、態度（情意領域）を意味します。この3つの学習領域においては、情意が最も測定しづらい領域です。研修がどのように参加者の意見、価値観、信念を変えたのかを測定するよりも、参加者がどのような新しい知識やスキルを身につけたのかを測定するほうが、はるかにやさしいのです。

　本質的には、レベル2評価では講師の効果を測ります。リーダーシップ開発プログラムでは、インストラクションの質が最重要です。参加者が学習できていなければ、行動変化は間違いなく期待できません。

　この学習の評価に用いられる2つの最適な手法は、テストと観察です。

テスト

　テストの1つとして、具体的なテーマに関する、販売元から購入する標準的なアセスメントが挙げられます。アセスメントには、たとえば、権限委譲の実践に関するインベントリー（タイプ分け診断）などがあります。多くのトレーナーが研修の開始前と終了後にテストを実施していますが、研修前後のテスト結果の差は、参加者の知識と態度の変化に関するかなり正確な測定結果として使えます。また、その他には企業独自のテストがあります。いくつかのリーダーシップ開発プログラムでは、方針や手続き、法制のような事実情報に関する研修セッションを実施しています。このように、リーダーやハイポテンシャルな人材に習得させなければならない具体的な知識がある組織は、独自のテストを開発する必要があります。しかし、テスト開発はそれほど簡単なものではありません。

　テストの種類。はじめに、テストの構成を、主観的項目（短い自由回答や論文）、客観的項目（多肢選択法か真偽法の問題）のいずれにするのか、あるいは2つのタイプの組み合わせにするのかを決めます。テスト項目を構成する際には、テストの採点評価にかかる時間と、それぞれのテスト項目の妥当性および信頼性を検討する必要があります。そこで、そのテスト項目が明確な学習目標について測定しているかどうかを確認してください。テスト項

目が本来測るべきものを測っていれば、妥当性があるといえます。また、それぞれのテスト項目には信頼性も必要ですが、信頼性は、同じテスト項目を何度実施しても一貫した結果が得られることで示されます。

　さらに、テストを有意義なものにするために、参加者には単純な情報や事実を再認させる出題ではなく、セッションで学んだことの応用や解釈を求める出題をします。

　テスト記述のガイドライン。みなさんは多くの場合、多肢選択法（複数の選択肢の中から正答を選び出す形式）のテストを選ぶでしょう。このテストは、採点は容易ですが、作成は必ずしも簡単ではありません。参加者のプログラムの内容の習得状況について、価値ある情報が得られるような多肢選択法のテストをつくるために、次のガイドラインを考慮に入れてください。

- ▶ 解答の選択肢の中に、「上記のすべて」や「上記のいずれでもない」という選択肢を入れないようにします。
- ▶ 設問の文章には、おおよその情報を入れ、問題を定義します。穴埋め問題の欠語は文章の終わり近くに置くようにします。
- ▶ 設問と解答の選択肢の両方に、文法的な一貫性をもたせ、表現をそろえます。
- ▶ 解答の選択肢の文章は、同じ長さになるようにつくります。
- ▶ 設問は、否定的ではなく肯定的に述べ、あいまいさや読みづらさを取り除きます。
- ▶ 設問は簡潔に、一文で1つの考えについて尋ねます。
- ▶ 設問と解答の選択肢の言い回しは口語を使います。
- ▶ 設問は論理的順序に沿って並べます。
- ▶ 設問の中に、正答への手掛かりを入れないようにします。

　設問の形式。すべての多肢選択式問題は、設問と解答の選択肢から成り立っています。設問は、問題の提示か、問いか、穴埋めの形を取ります。解答の選択肢は、すべてがもっともらしく正答の可能性のあるものになっています。また、テスト項目の数が増えれば増えるほど、テストの信頼性は高まり

ます。以下は、設問の形式として検討すべき内容です。

- **正答の選択**。正答形式では、1つだけ正答を選ぶようシンプルな質問をします。この形式は、主に事実情報の再認テストに使用されます。このタイプの設問は製品知識をテストするのに適しています。
- **最も正しい解答の選択**。このタイプの設問には、1つ以上の正しい選択肢があります。そして、数個の選択肢、またはすべての選択肢はある程度正しいものとなっています。この形式の設問には高度な思考が必要であり、解答者には、選択肢を正確に評価し結論を導くことが求められます。このタイプの設問は、多くの課題を抱える可能性があります。テスト項目の解釈が広く、極めて異議を唱えられやすいため、個人やグループと言い争いが起こり、最悪の場合、他の解答を正答と認めなければならなくなるかもしれません。
- **正しい解答の組み合わせの選択**。テスト作成者と解答者の両者にとって最も複雑で時間のかかる形式の設問です。選択肢には番号がつけられ、1つ以上正しい解答があります。そして、正しい解答の組み合わせが選択肢としてリストアップされています。このタイプの設問では、複雑な認知スキルや分析、評価能力が評価できます。しかし、設問をつくる際にはかなりの試行錯誤が必要となり、解答者も解答により多くの時間を使います。

　これまでのテストは知識や態度の変化を測るものでしたが、スキル向上の評価には実技テストが必要です。たとえば、「効果的なミーティング運営」という研修プログラムを実施したら、参加者には、まず、プログラムの冒頭に、疑似ミーティングを短くファシリテートしてもらいます。そして、個々の参加者の実技に講評を行い、グレードや評価点を与えておきます。プログラムの中では、効果的なミーティングのファシリテーションの原理原則やテクニックを伝えます。その後、プログラムの終わりのほうに、個々の参加者に再び短いファシリテーションを行ってもらい、あらためて講評と評価を行います。研修が成功していれば、個々の参加者の評価点は改善されます。

観察

　リーダーシップ開発プログラムでの学習を評価する最適な手法の1つが観察です。トレーナーは、セッションでの参加者のスキル、ツール、テクニックの実践と活用を注意深く見ておきます。スキル実践、ロールプレイ、シミュレーション、ケーススタディやその他の学習活動における参加者の行動を観察することで、参加者がセッションで実際に何を学んだのかを把握できます。たとえば、「集団の意思決定と問題解決」を扱うセッションでは、参加者を5〜7名のチームに分け、そのチームで記述式のサバイバル・シミュレーションに取り組んでもらい、コンセンサスによる意思決定の実践を行ってもらいます。エイチ・アール・ディー・キュー（HRDQ）[※1]、ファイファー（Pfeiffer）[※2]、ヒューマン・シナジスティクス（Human Synergistics）[※3]は、優れたアドベンチャー・タイプのシミュレーションをもっています。

> **基本原則 13**
> 参加者が学習していないということは、指導者が教えていないということである。

レベル3：行動

　レベル3では、「研修は参加者の業務遂行にどのように影響するのか？」という重大な疑問に答えます。ラインマネジャーも学習担当部門のリーダーも、「研修プログラムの成否は、職場に戻った参加者が研修で得た情報やスキルを使ってどう働くかで決まる」と考えているにもかかわらず、その結果はしばしば見過ごされています。レベル3評価には、時間も費用もかかり、そのうえ、優れた組織運営能力、フォローアップスキルとプロセスが求められます。

フォローアップのガイドライン

　参加者には、フォローアップ評価があることを覚悟してもらいます。行動変化が望まれているだけではなく要求されていることを、明確に理解してもらうことが必要です。研修セッションの最後に、参加者に対してフォローアップ評価の実施とその概要を知らせます。ここではリーダーシップ・コンピテンシーのアセスメントが非常に役立ちます。

第3章において、あらゆるリーダーシップスキルのレベルを特定するために、個人のニーズ・アセスメント（表3－1）の活用を勧めました。思い出してほしいのは、参加者とその上司の両方が参加者のアセスメントを行い、公式の研修プログラムに先立ってその内容について話し合うことで、アセスメントが最も効果を発揮するということです。隠し立てのない正直な対話を通じ、参加者にとって改善する必要のある具体的なコンピテンシーを明らかにすることで、研修や体験後の効果測定や評価で基準にできる値がわかるのです。アセスメントを効果的にするために、参加者には新しい行動を活かす機会が必要です。研修の2～3カ月後に個々の参加者と上司はアセスメントを再び行い、参加者の自己評価と上司評価を比較し、評価が一致する箇所と異なる箇所について確認し、その回答から見えてきた行動変化に焦点を当てながら、アセスメント結果についてさらに話し合いを行います。
　もし、研修が効果的でなかったとなれば、その理由を見つけ出してください。なぜ向上できなかったのか、何が進歩の障害となったのか、参加者にその原因の特定を促します。時には、知られざる要因が職場での新しい知識やスキルの応用を抑え、阻むこともあります。そのような障壁は、不十分な環境条件、備品や機器の欠如、上司、既存の方針や手続き、または組織の雰囲気かもしれません。
　この結果は、プログラム運営責任者と共有すべきです。この結果を基に、運営責任者はリーダーシップ開発プログラムの所見と結論を経営陣に報告します。
　360度フィードバックを行った場合は、その後かなり長い期間を経て、参加者が行動を変えたり、研修やその他の経験を通じて学んだスキルを応用したりする機会を豊富に提供してから、あらためて360度フィードバックを再度行うこともできます。

インタビュー

　研修参加者だけでなく、参加者から影響を受ける人や密接に関わる人たちに対してもインタビューを行います。参加者の上司、同僚、顧客、部下がインタビューの候補者です。
　インタビューの質問は丹念に組み立て、具体的な応用と行動変化に的を絞

って設計します。

どのような評価方法を使う場合も、行動変化が起こるのに十分な期間を確保してください。その長さはプログラムによって異なりますが、学んだことを応用し、新たな行動を起こす機会を参加者に豊富に与えるには、3～6カ月の期間が必要です。

補足説明

行動変化についての定型インタビューでは、すべてのインタビュー対象者に同じ質問をします。そして、定量データの作成に向け、回答を集計します。

アンケート調査

アンケート調査は、参加者の職場における学習の応用について把握するための効率的でコストのかからない手法です。繰り返しになりますが、情報源は限定しないようにします。研修参加者と交流のある人は、多くの場合、信頼のおけるフィードバックの情報源です。そして、参加者が研修での学びを職場で使っているかどうかだけでなく、業務遂行の改善にどのように活用しているのかを把握することが必要です。

レベル4：成果

レベル4評価では、リーダーシップ開発プログラムの組織的効果を測ります。この評価では、組織のゴールと目標の達成に対し、プログラムがどのように貢献したのかを示すのが理想的です。このレベルでは業績に焦点を当てます。レベル4評価を実施する場合は、測定する領域をニーズ・アセスメントと同じ領域にすべきです。

最終利益に対するプログラムの効果を測定するためには、ニーズ・アセスメントの間に収集したデータに立ち戻ります。要するに、クリティカル・サクセス・ファクター[※4]を前もって決めておくことが必要なのです。以下は、測定しておきたい組織的成果の例です。

▶ 生産量
▶ 売上高

- ▶ オペレーションコスト
- ▶ 顧客満足度
- ▶ サービス、品質基準
- ▶ 安全記録
- ▶ ターンオーバー（turnover：退職率）
- ▶ 欠勤率
- ▶ 従業員による苦情申し立て
- ▶ 従業員満足度
- ▶ 予算差異
- ▶ 昇進の有無

　具体的な要因を適切に測るために、どの測定領域であろうと、組織には正しい記録がなければなりません。また、状況の変化が速いため、レベル４評価は、経営陣が決めた一定の期間をおいて、繰り返し行う必要があります。

　この測定方法の一例である社員の意識調査やエンゲージメント調査からは、リーダーシップ行動について多くの情報が得られます。

　様々な変数が作用するため、レベル４評価には手間がかかります。とりわけそれに当てはまるのがリーダーシップ開発です。たとえば、ターンオーバーに影響を与える変数には、人口の推移や給付金の変更があります。重ねて述べますが、測定する成果項目は前もって極めて明確に決めておきます。そして、成果の向上は、行動変化（レベル３）以降に起こることを理解しておきます。

ｅラーニングの評価

　ｅラーニングは、実施方法も様々で、個人に合わせて提供する学習であるため、評価プロセスにおける一貫性と統一性を妨げることがあります。そのため、ｅラーニングの評価は従来のプログラムの評価よりはいくぶん難しくなります。たとえば、自主学習型であるｅラーニングの参加者は、全員がコースを完全にやり遂げるわけではありません。ある人たちは自分が必要だと思う

モジュールだけを選んで学びますし、別の人たちは特定のコンテンツをより深く理解するために、何度も繰り返しそのモジュールだけを学びます。

しかし、本章で論じた従来のプログラムの評価手法と同じ原則と手順、レベルは、eラーニングの評価にもおおよそ適用できます。当然のことですが、基本的な違いは、多くの評価手法が電子的に行われることです。次に挙げるのは、eラーニング環境に適用可能なタイプの評価です。

レベル1評価は研修参加者の反応を測定しますが、使用される手法は、Webの画面上で行うアンケートやeメールでのフィードバックです。また、オンラインのフォーカスグループやチャットルームを通じて参加者の反応を捉えることもできます。

参加者の学習を測定するレベル2評価では、様々なテストが使用されます。真偽法、多肢選択法、論文、穴埋め法、組み合わせ法など、ほとんどの種類のテストは電子フォーマットに変換することができます。ウィリアム・ホートン（William Horton）のサイト[5]には、優れたテスト用フォーマットの例がたくさんありますので訪ねてみてください。テストに加え、シミュレーション、学習ゲーム、チャットルームで行うロールプレイのような学習活動の行動観察によって、参加者をモニタリングできます。

参加者の学習の応用（レベル3）を測るためには、仕事の観察や参加者本人とその関係者を対象としたアンケート調査、業務遂行記録のような伝統的な手法に頼る必要があります。また、コントロール・グループ（対照群）の設定も適切な測定のやり方です。たとえば、従来の教室形式の研修に参加した社員たちのグループと、eラーニングに取り組んだ社員たちのグループを比較し、その差異からeラーニングにおける学習の応用のレベルについて測ります。その他には、参加者個人の行動計画をモニタリングすることもできます。

遠隔学習のレベル4評価は、従来のプログラムの評価と非常に近く、リターン・オン・インベストメント（Return-on-Investment：投資収益率／以降ROI）や、事故件数、安全違反件数、遅刻欠勤件数、ターンオーバー、顧客の苦情件数の減少などを測ります。収益性（売上、収益、利潤）や財務の健全性（株価、市場占有率）のような経営指標もレベル4評価の測定指標となります。

いずれの評価プロセスでも、組織リーダーと協働し、成功の基準を決めることが重要です。組織の主要な人たちは、具体的に何を測定したいと考え、測定で得られた情報をどのように活かすのでしょうか？

実践に向けて

　評価結果を実証するために、研修に参加者していない人から成るコントロール・グループを、研修参加者と同じ職務の人たちから抽出します。コントロール・グループのメンバーには、研修参加者と同じアンケート調査、質問票、テストを実施してもらいます。コントロール・グループの結果をモニタリングし、研修参加者の結果と比較してみてください。

　次章では、リーダーシップ開発プログラムが最終利益に与える影響の測定方法について学びます。

---

1. www.hrdq.com 参照
2. www.Pfeiffer.com 参照
3. www.humansyn.com 参照
4. クリティカル・サクセス・ファクター（主要成功要因）については、第2章内の「リーダーシップ開発の定義」（P.27）の記述参照
5. www.horton.com を参照

第9章

リーダーシップ開発プログラムのインパクトを測る

この章の内容
ここでは、以下の事柄を学びます。
▶ ニーズ・アセスメントと評価の関係
▶ 様々なROI評価の手法

　ビジネスにおける競争激化や組織の利益減少に伴い、リーダーシップ開発の支出は、ますます精査されるようになりました。その結果、リーダーシップ開発への投資のインパクト（影響度）の数値化が重視されています。

　リーダーシップ開発プログラムの総合的なインパクトの測定は、難しいうえに時間がかかります。複雑さに加えて有形無形の変数の検討が必要なため、ほとんどの組織はレベル4評価が実施できれば十分満足していますが、本章では、リーダーシップ開発プログラムに投資対効果があることを証明する責任を負う人のために、レベル5評価の様々なアプローチを概観していきます。

基本原則14
効果的な研修は、ビジネス成果の達成を目指して行われる。

重要なつながり：ニーズ・アセスメントと評価

　第4章で論じたように、研修やリーダーシップ開発の取り組みを成功させ

るには、ニーズ・アセスメントが必要不可欠です。ニーズ・アセスメントは、プログラム開発の土台となり、プログラム完了後の成果の測定基準を築きます。評価を意義あるものにするためには、評価はニーズ・アセスメントのプロセスとつながっていなければなりません。つまり、取り組みの最初の段階から、効果測定の内容は決めておく必要があるのです。プログラム全体の効果を測るクリティカル・サクセス・ファクターは何か？　学習担当部門のリーダーは、経営層と協力してリーダーシップ開発プログラムに取り入れる測定基準を決めましょう。それらの測定基準は、戦略計画と直結することが必要です。

考えるヒント

測定内容とニーズ・アセスメントの方向性が合っているかどうか、ニーズ・アセスメントに立ち返って見極めます。また、定量化できるデータを入手するしくみがあるかどうかも確かめておきます。

研修の説明責任

　ビジネス界全体において、すべての職務で説明責任がさらに増しています。今では、研修部門のようなスタッフ機能にも、組織に対する自分たちの価値と貢献を証明することが求められています。経営トップたちは、研修部門に対し、価値を出すこと、さもなければ研修予算を削ることを要求します。みなさんが、研修にかけた時間、労力、資金の正当性を示すよう求められた時のために、（1）ROI、（2）費用便益分析（cost-benefit analysis）の2つの測定方法について、概要を紹介します。

補足説明

包括的なROIは、研修および人材開発予算の4～5％を越えることはないでしょう。

ROIアプローチ

　ROIは、プログラムへの投資の回収率を簡潔に表すもので、金銭的利益とプログラムの利益を比較します。ROI測定のためには、経営実績が出るまで、3～6カ月か、それよりももう少し長い期間待つ必要があります。も

し、研修プログラムが投資に対する合理的なリターンを示せなかったら、将来（または直近でも）の研修の取り組みが危うくなります。

レベル5評価（ROI）は、カークパトリックの4段階評価モデルを拡張したものです。ジャック・フィリップス（Jack Phillips）が開発したROIプロセスモデルは、レベル4からさらに1つレベルが上がります。以下に、このモデルの簡潔な概要を説明します。

ステップ1：プログラム後のデータ収集

ROI（レベル5評価）は、ハードデータ（成果、質、コスト、時間）とソフトデータ（職場の雰囲気、態度）の両方を含んだ、レベル4評価とレベル5評価のデータを利用します。データの収集手法は第8章で論じられたものと同じです。

リーダーシップ開発は継続的なプロセスのため、プログラムの範囲に基づいてROI分析を定期的に実施することが必要です。プログラムが一連の体系化された研修で構成されている場合は、研修がすべて完了した後にROI分析を行います。プログラムに研修以外の学習経験を組み込んでいる場合は、それだけを別に分析しても、プログラム全体に含めて分析しても構いません。

ステップ2：研修効果を分離する

次のステップでは、プログラムと直接関係する成果だけを見つけ出します。そのため、研修プログラムの効果だけを切り離すための様々なテクニックを組み合わせて利用します。これらのテクニックには、コントロール・グループ、トレンドライン分析（trend line analysis）、予測モデル（forecasting model）、インパクト推計（impact estimates）などがあります。ROIのさらに詳しい内容とこれらの手法の説明については、ASTDの出版物『インフォライン（Infoline）』の『レベル5エバリュエーション：ROI（Level 5 Evaluation:ROI）』（ジャック・フィリップス、1998年）を参照してください。

ステップ3：データを金銭的価値に換算する

3つ目のステップでは、レベル4評価のデータを金銭的価値に換算し、プログラムにかかったコストと比較します。ここでも、使用するデータや達成

する目標に合わせて、利用できるテクニックが数多くあります。

ステップ4：プログラム関連費用を算定する

　最後のステップでは、プログラム関連費用を測定します。プログラム費用には、設計と開発の費用、教材費、講師の人件費、施設設備費、参加者の人件費、旅費交通費、運営費などが含まれます。リーダーシップ開発プログラムは対象範囲が広く大規模なので、事前のニーズ・アセスメントや評価プロセスに伴うコストも含めたほうがよいでしょう。

費用便益分析アプローチ

　費用便益分析は、研修プログラムをつくるための総コストに注目します。総コストには、ニーズ・アセスメントから、設計、開発、実施、フォローアップに至るすべてのコストを含め、直接経費、間接経費の両方を考えます。表9－1を見るとわかりますが、研修コストの測定はたやすくありません。

　次のステップでは、研修のおかげで直接的に削減されたコストや増加した収入といったプログラムの全体利益を測定しますが、多くの場合、利益のみが測定されます。

　研修プログラムの純益を計算するためには、利益の総計からコストの総計を引き算します。コストが利益を下回っていたら、プログラムは財務的に成功したといえます。

表9-1　研修コストの測定

直接経費			
	人	施設設備	教材
設計・開発	コース開発とその事務サポート人員にかかった人件費、福利厚生費、旅費 または、コンサルタント料と必要経費 または、外部から購入したプログラムを実施する社内トレーナーの認定費用		社内用パンフレット 参加者用教材 インストラクター・マニュアル 教材の購入 プログラムの購入
研修実施	トレーナー、参加者（平均給与を算定）と事務サポート人員にかかった人件費、福利厚生費、旅費 コンサルタント料と必要経費	会場レンタル 備品レンタル 飲料	ノート フォルダ テントカード（三角形に組み立てられた名前などを書いたカード） 用紙 鉛筆／ペン フリップチャート 配布資料 映像レンタル／購入 OHPシート／スライド 文房具 参加者に発行する履修証明書 図書 別刷り記事
評価	トレーナー、参加者、事務サポート人員、上司、部下、同僚にかかった人件費、福利厚生費、旅費		アンケート調査 質問票

間接経費	
研修会場費	コンピュータの利用時間
ビル管理費	用具の減価償却
公共料金	用具
郵便代	メンテナンス／修理
電話代	サポート・サービス

無形の利益

リーダーシップ開発のような複雑なプログラムでは、仕事の満足度やチームワークの向上、組織へのコミットメント向上のような無形の利益の重要性を見逃してはいけません。定量化しづらいデータは、金銭的価値への換算が難しいことを理解したうえで、すべてのデータを金銭的価値に換算するために、あらゆる努力をしてください。もし、金銭的価値に換算できないのであれば、なおさら無形の利益を説明に含めておくべきです。

費用便益比（benefit-cost ratio）とROIの計算式は、次の通りです。

$$費用便益比 = \frac{プログラム利益}{プログラム費用}$$

$$純益 = プログラム利益 - プログラム費用$$

$$ROI(\%) = \frac{純益}{プログラム費用} \times 100$$

評価プロセスの重要性

評価は、非常に複雑な課題です。まず、多くの変数が計算式に組み込まれます。評価プロセスの改善にどんなに懸命に取り組んでも、実際には、研修プログラムの効果はあくまで予測であり、経済的な便益は正確には計算できません。教育研修の役割が革新し続け、トレーナーが、自らをパフォーマンス・コンサルタントとして位置付けし直すと、研修効果測定へのプレッシャーが一層高まります。一方、吉報もあります。それは、教育研修と人材開発の分野は、非常に速いペースで成長し続けているということです。この潮流は、社内外双方の教育プロフェッショナルに対し、世界中の個人と組織の成長や開発で効果をあげる数多くのチャンスを与え続けるでしょう。

ジャック・フィリップス（1998）は、以下の基準を満たすプログラムのみがROI分析の対象になり得るとしています。

- 対象者数が大規模である
- 長期間にわたって実施する予定である
- 戦略目標上、重要である
- 業務運営上のゴールや課題に連動している
- 費用が高額である
- かなりの時間を要する
- 認知度が高い
- 包括的なニーズ・アセスメントに基づいている
- 経営層が重視している

> **補足説明**
> たとえ、ある人がスキルを学び、仕事で活用したとしても、活用したスキルは最終利益に影響を与えないかもしれません。

包括的なリーダーシップ開発プログラムは、まさに上記の基準を満たしているので、綿密なROI分析の対象として適しています。

> **基本原則15**
> ROI評価は、4つのレベルすべての効果測定を終えてから行うべきである。

トレーニング・リザルツ・メジャーメント・モデル

研修の最終利益へのインパクトを評価する方法としては、その他に、IBMラーニングサービス（IBM Learning Services）[※1] が開発したトレーニング・リザルツ・メジャーメント・モデル（Training Results Measurement Model：研修成果測定モデル／以降TRM）があります。このアプローチでは、最終利益における研修の価値を測定するためのフレームワークを提供し、職場での活用（レベル3）と業績（レベル4）のギャップ解消を支援します。このモデルでは相互に関連する5つの分析を使います。

- **組織マッピング分析**（Organization Mapping Analysis）。組織の機能、活動、プロセスとその相互関係を表す図表を作成するプロセスです。この分析は、組織図、手順書、プロセスガイドで構成されます。

- ▶ **業績測定分析（Performance Measure Analysis）**。このプロセスでは、社員の意識調査や業績査定、業務成果といった、組織で使われている業績尺度を定めます。
- ▶ **因果連鎖分析（Causal Chain Analysis）**。組織施策の連鎖、プログラムと求められる業績との関係を通じて、リーダーシップ開発の取り組みのインパクトを追跡するプロセスです。
- ▶ **研修費用便益分析（Training Benefit-Cost Analysis）**。リーダーシップ開発プログラムの利益と費用を測定するプロセスです。利益には、量的なものと質的なものの両方があります。
- ▶ **研修投資分析（Training Investment Analysis）**。このプロセスでは、投資する研修に複数の選択肢がある場合に、それぞれの研修についての利益と費用を比較します。分析手法には、ROI、内部収益率、投資額の回収期間が含まれます。

TRMのモデルについての詳細説明は、『インフォライン（Infoline）』シリーズの『リンク・トレーニング・トゥー・ユア・ボトムライン（Link Training to Your Bottom Line）』（スピッツァーとコンウェイ＜Dean Spitzer and Malcolm Conway＞、2002年）を参照してください。

ROI測定に役立つその他の情報には、『ザ・2003・チーム・アンド・オーガニゼーション・ディベロップメント・ソースブック（The 2003 Team and Organization Development Sourcebook）』内の『ハウ・トゥー・ソルブ・ザ・ROI・リドル（How to Solve the ROI Riddle）』（バークスデールとルンド＜Susan Barksdale and Teri Lund＞、2003年）があります。

3つのアプローチはすべて、プログラム開発に先駆けて評価や測定を計画することの重要性を強調しています。さらに、研修はビジネス成果の達成を目指して行われるものであると断言しています。

実践に向けて

レベル5（ROI）評価を、リーダーシップ開発プログラム全体で試みる前に、そのプロセスに慣れるため、プログラムを構成

する小さなパートを使って始めてみましょう。たとえば、1日研修を選び、その研修で5段階すべての評価を行います。そして、リーダーシップ開発プログラムの進捗に合わせて、プログラム全体に対する完全な評価プロセスを行います。

最終章では、成功を収めるリーダーシップ開発プログラムの開発と実行のための秘訣を学びます。

---

1. IBMラーニングサービスは、IBM社内の優れた人材育成のしくみやノウハウを活かした能力開発の業務サービスを他社に提供している

第10章

結び

　この本を読んで、みなさんは、リーダーシップ開発が複雑で時間と手間のかかる継続的なプロセスであることに気づいたと思います。それでも、全階層のリーダーを育成する能力とコミットメントには、組織の生き残りがかかっています。

　公式の研修プログラムがリーダーシップ開発の核であり続ける一方、さらなるリーダーシップ開発が職場で起こっています（そして今後も起こり続けるでしょう）。この背景の一部として、CEOを含むトップリーダーたちが、次世代リーダー開発の役割を積極的に担っていることが挙げられます。また、組織には事業戦略やゴールに沿ったリーダーシップ・コンピテンシーの開発が求められます。同時に、リーダーシップ開発計画とそれに伴う学習活動と学習経験は、個人と組織の固有のニーズに合わせてカスタマイズすることが必要です。

　以下は、組織に価値を加え、真の差別化をもたらす実り多いリーダーシップ開発プログラムの開発に役立つ秘訣です。

- ▶ プログラムの全要素を事業のゴールと戦略に結びつける
- ▶ 明確に定義された、行動ベースのリーダーシップ・コンピテンシーをもつ
- ▶ プログラムは、経営層だけでなく社内の推進者や擁護者たちの支援を必要とする
- ▶ 組織内のすべての人がプログラムとそのプロセスを事業投資と捉える
- ▶ 開発計画とそれに伴う学習経験は、高度にカスタマイズされた特定の個人向けのものにする

▶経営層がプログラムを丹念にモニタリングし、評価する

　この秘訣を活かした結果が、競合に勝り、組織のゴールである「現実の最終利益」を達成する素晴らしいリーダーたちを育成する、統合的で包括的なリーダーシップ開発プログラムなのです。

参照文献

Barksdale, S., and T. Lund. "How to Solve the ROI Riddle." *The 2003 Team and Organization Development Sourcebook,* M. Silberman, editor. Alexandria, VA: ASTD Press, 2003.

Betof, E. Interview, March 24, 2008.

Billhardt, B. "Playing Games with Leadership: How Business Simulations and Games Are Growing Tomorrow's Leaders." Accessed April 7, 2008, from www.enspire.com.

Colvin, G. "Leader Machines." *Fortune,* volume 156, number 7, October 1, 2007.

Kaye, B., and D. Scheef. "Mentoring." *Infoline,* April 2000, Issue 0004. Alexandria, VA: ASTD Press.

Kirkpatrick, D.L. "The Four Levels of Evaluation." *Infoline,* January 2007, Issue 0701. Alexandria, VA: ASTD Press.

Lawson, K. *The Trainer's Handbook* (2nd edition). San Francisco: Pfeiffer, 2006.

Leonard, D., and W.C. Swap. *Deep Smarts: How to Cultivate and Transfer Enduring Business Wisdom.* Cambridge, MA: Harvard Business School Press, 2005.

Phillips, J. "Level 5 Evaluation: ROI." *Infoline,* May 1998, Issue 9805. Alexandria, VA: ASTD Press.

Snipes, J. "Identifying and Cultivating High-Potential Employees." *CLO,* October 2005.

Spitzer, D., and M. Conway. "Link Training to Your Bottom Line." *Infoline,* January 2002, Issue 0201. Alexandria, VA: ASTD Press.

Thomas, D.C., and K. Inkson. *Cultural Intelligence.* San Francisco: Berrett-Koehler Publishers, 2003.

Thomas, S.J., and P.J. Douglas. "Structured Mentoring: A New Approach that Works." *Infoline,* January 2004, Issue 0401. Alexandria, VA: ASTD Press.

著者について

　カレン・ローソン氏は、国際的に活躍するコンサルタントであり、講演の専門家、著述家、エグゼクティブコーチでもあります。彼女は、組織開発、マネジメント開発、エグゼクティブ・コーチングに特化し成功を収めているローソン・コンサルティング・グループの創始者であり、代表を務めています。

　トレーニング、コミュニケーション、リーダーシップ、コーチングに関するローソン氏の著書は、10冊に上ります。また、専門誌への数多くの寄稿に加え、20冊の書籍を共同執筆しています。

　彼女は、テンプル大学でアダルト・ディベロップメント、組織開発の博士号、アクロン大学で修士号、マウント・ユニオン・カレッジで学士号を取得しました。2008年には、4000名のメンバーから成る米国の講演家協会、ナショナル・スピーカーズ・アソシエーション（National Speakers Association）において、世界中でわずか400名しかいない「サーティファイド・スピーキング・プロフェッショナル（Certified Speaking Professional：認定講演プロフェッショナル）」の1人となりました。また、研修および講演業界への貢献により、多くの表彰を受けており、ペンシルベニア州の実業界の2005年「ベスト50ウーマン」、2007年ペンシルバニア地域の「ウーマン・オブ・ディスティンクション」の1人にも選ばれています。

　さらに、ローソン氏は、ナショナル・スピーカーズ・アソシエーションやASTDのような専門団体の活動に積極的に取り組み、国内および国際レベルの両方においてリーダーの地位にあります。

　また、最近では、アーケイディア大学の国際MBAプログラムの非常勤教授の職に就いており、これまでも多くの単科大学や総合大学で非常勤の教職を務めてきました。ローソン氏に関するより詳しい情報やコンタクトは、以下へお問い合わせください。

ウェブサイト：www.LawsonCG.com
Eメール：klawson@LawsonCG.com

監修者紹介

今回、この本の監修にあたった永禮弘之（ながれひろゆき）は、株式会社エレクセ・パートナーズの代表取締役であり、ASTDジャパンの理事およびリーダーシップ開発委員会委員長を務めています。

これまで、化学会社の営業企画・経営企画や、外資系コンサルティング会社のコンサルタント、衛星放送会社の経営企画部長・事業開発部長、組織変革コンサルティング会社の取締役などを経て、現在は、人材育成コンサルティング会社の代表として、建設、化学、医薬品、食品、自動車、電機、情報通信、小売、外食、ホテル、教育出版、文具など幅広い業界の企業に対して、10,000人以上の経営幹部、若手リーダーの育成を支援しています。

また、リーダーシップ開発関連の著作発表・雑誌寄稿にも積極的に取り組んでおり、主な著書・寄稿には、『マネジャーになってしまったら読む本』（ダイヤモンド社、2011年）、『強い会社は社員が偉い』（日経BP社、2008年）、「野々村人事部長の歳時記」シリーズ（『日経ビジネスオンライン』、2007～2010年）、「ASTD2011 International Conference & Expo レポート リーダーシップ開発は個人の内面と向き合うアプローチへ」（『人材教育』、2011年）、「グローバル人材マネジメントへのリーダーシップ」連載（『Web労政時報』、2012年～）などがあります。

訳者紹介

今回、この本の翻訳にあたった長尾朋子（ながおともこ）は、株式会社エレクセ・パートナーズのクライアントパートナーであり、ASTDジャパンの立ち上げ当初から、リーダーシップ開発委員会の活動に携わっています。

これまで、長年にわたり、流通・小売業で、全社能力開発・研修体系の構築、次世代リーダー、階層別マネジメント研修プログラムの企画開発・運営管理を行う傍ら、日本の経営大学院および米国の教育大学院で、人的資源管理と組織開発を専攻し、企業内人材開発に関する経験と知見を積んできました。

現在は、研修プログラム、アセスメントなどの商品・サービスの企画開発、マーケティングをはじめ、事業会社の教育体系構築支援などを通じ、企業のリーダー人材開発支援に取り組んでいます。リーダーシップ開発関連の寄稿には、「野々村人事部長の歳時記」シリーズ（『日経ビジネスオンライン』、2007〜2010年）があります。

Leadership Development Basics by Karen Lawson

Copyright © 2008 the American Society for Training and Development and
　　Karen Larson.

Japanese translation rights arranged with
ASTD Press, Alexandria, Virginia
through Tuttle-Mori Agency, Inc., Tokyo

リーダーシップ開発の基本
── 効果的なリーダー育成プログラムを作る ──

2013年2月13日　初版第1刷発行

著　者.......... カレン・ローソン
監修者.......... 永禮弘之
訳　者.......... 長尾朋子
発行者.......... 高間邦男
発　行.......... 株式会社ヒューマンバリュー
　　　　　　〒102-0082 東京都千代田区一番町18番地 川喜多メモリアルビル4階
　　　　　　TEL：03-5276-2888（代）　FAX：03-5276-2826
　　　　　　http://www.humanvalue.co.jp/hv2/publish/
装　丁.......... 株式会社志岐デザイン事務所　小山巧
イラスト....... 後藤範行
制作・校正... 株式会社ヒューマンバリュー
印刷製本...... シナノ印刷株式会社

落丁本・乱丁本はお取り替えいたします。

ISBN 978-4-9906893-0-8

ヒューマンバリューの出版への思い

株式会社ヒューマンバリューは、組織変革・人材開発の質の向上に貢献することをミッションとしています。その事業の一環として、組織変革・人材開発の潮流をリサーチする中で出会ったすばらしい理論・方法論のうち、まだ日本で紹介されていない重要なものを書籍として提供することにしました。

翻訳にあたっては、著者の意向をできるだけ尊重し、意味のずれがないように原文をそのまま活かし、原語を残す形でまとめています。

今後新しい本が出た場合に情報が必要な方は、下記宛にメールアドレスをお知らせください。

book@humanvalue.co.jp